自昭和拾年拾壹月參拾日
至同　年拾貳月五日

朝鮮工藝展覽會圖錄

主催 朝鮮工藝研究會

會場 大阪日本橋

松坂屋

일본을 일깨운 조선 문화재

오 병 훈 (한국약선차연구회 회장)

우리의 도자공예는 유구한 역사와 빛나는 전통 위에서 자라났다. 11세기 초에 등장한 청자는 당시 전 세계에서 송(宋)나라와 고려에서만 생산했던 최첨단 기술이었다. 게다가 12세기에는 청자의 본고장에서도 만들지 못한 상감기법(象嵌技法)을 창제하여 가장 뛰어난 도자 공예기술을 완성했다. 고려의 상감청자는 태토(胎土) 위에 백토와 산화철이 섞인 흙을 새겨 넣어 흰색과 검은색 무늬를 만드는 독창적인 기법이다. 이로써 고려의 상감청자는 오늘까지 그 기법이 전해져 조선 도자공예의 자부심으로 자리 잡았다.

일본공예의 모태는 조선이다. 모모야마시대(桃山時代 1573~1615) 이후 일본에 다도(茶道)가 크게 유행하면서 많은 다기(茶器)를 필요로 하게 되었다. 그 중심에 조선자기가 등장하면서 일본 지배계급을 매료시켰던 것이다. 조선백자는 꾸밈이 없고 단순한듯하면서도 절제된 순수의 미를 품고 있다. 일체의 장식성을 배제한 단순한 기물에서 일본 다도정신의 명쾌한 감성을 담을 수 있었다. 모모야마 시대는 고미술 애호가들이 조선다기에 매료되어 다투어 수집에 열을 올렸던 때이기도 하다. 당시에 많은 다기가 필요했기 임진왜란을 '도자기 약탈전쟁'이라고 주장하는 학자도 있다.

일제강점기에는 수많은 왕릉이 도굴되었고 조선인의 무관심 속에서 일인들의 문화제 반출이 절정에 이르렀다. 조선 문화재의 우수성이 널리 알려지면서 1935년(昭和 10) 11월 30일부터 12월 5일까지 6일간에 걸쳐 2천여 점의 대규모 조선 문화재 전람회가 일본 오사카 마츠자카야(松坂屋)백화점에서 처음으로 열렸다. 이 전시회는 당시 경성의 경시청 동쪽에서 문명상회(文明商會)라는 고미술상을 경영하면서 조선공예연구회(朝鮮工藝硏究會)를 이끌었던 이희섭(李禧燮)이 수집한 것들로 일본 문화계로부터 큰 호응을 얻었다.

이 씨는 수년에 걸쳐 도서벽지와 산간 오지를 누비며 자신이 본 것들을 헐값에 사들였다. 그 수집품 중에는 낙랑, 대방문화(帶方文化) 발굴품과 삼국시대의 토기와 와당이 포함돼 있다. 또 고려의 운학문다완(雲鶴紋茶碗)을 비롯하여 청자다완 등 20여 점의 고려다완과 10여 점의 백자다완이 포함돼 있다. 그리고 조선 말기의 동기(銅器), 불상, 옥석(玉石), 목칠가구(木漆家具), 석탑에 이르기까지 다양하다.

조선시대에는 청자보다 백자를 많이 만들었다. 임진왜란 이후 조선의 앞선 도자공예는 일본에 전해져 섬나라 다도문화 발전에 크게 기여했다. 당시만 해도 일본에서는 목기를 많이 썼을 뿐 자기는 없었다. 겨우 토기 제작기술 수준에 머물고 있었으나 수많은 조선인 도공의 이주로 도자공업이 급속도로 발달하여 오늘날 세계적인 도자산업국가가 되었다.

임진왜란 이전에는 일본 왕실을 중심으로 한 일부 귀족사회에서만 조선이나 중국에서 수입한 자기를 사용했다. 따라서 귀한 자기를 함부로 쓸 수 없었으므로 제기로 썼고 음식을 담기보다 음주 때나 차를 마실 때 사용했다.

조선에서는 그토록 흔했던 백자였지만 왜인들에게는 보석처럼 귀한 물건이었으므로 다투어 수집하여 그것들을 토요토미 히데요시(豊臣秀吉)에게 전리품으로 보냈다. 그도 모자라 전쟁 종반에는 도공들을 납치하여 현해탄을 건넜다. 당시에는 그릇의 대부분이 차생활에 필요한 다기 중심이었다. 찻잔과 접시, 찻주전자, 술병, 물그릇 등을 만들기 시작하여 점차 생활자기로 확대해 나갔다.

초기에 일본으로 건너간 조선 도공들은 자기를 빚을 흙을 찾아 여러 곳을 헤매었으나 화산지대로 이루어진 낯선 땅에서 양질의 점토를 찾는 일은 쉽지 않았다. 끈질긴 노력 끝에 드디어 점토를 찾아냈고 그 흙으로 찻잔을 구워 군주로부터 차츰 신임을 얻게 되었다. 그리고 전쟁 포로에서 기술자로 신분도 상승되었다. 오늘날 일본에서 활약하는 조선인 도공의 후손들은 작가로서 지위를 확고히 하여 명사로 대접받고 있다. 400여 년이 지난 현재까지 조선인의 피를 이어 받았다는 긍지를 갖고 작가정신을 키워왔다.

조선의 앞선 도자공예는 일본의 다도문화에 깊숙이 뿌리를 내렸다. 주로 유・불・선학(儒・佛・仙學)에 심취한 승려 중심으로 발달한 다도는 무사계급의 상류층이 합류하면서 선사상(禪思想)을 도입 정적이고 담박한 미학으로 완성시켰다. 일본다도에 이바지 한 조선백자는 서민들의 생활용기로나 썼던 투박한 막사발이 주류를 이루었다. 전혀 기교를 부리지 않은 원시의 자기가 일본다도를 만나 그 가치를 최고조로 끌어 올렸다. 이러한 미적 감각은 일본인 특유의 냉정한 무사정신과도 통하는 것이어서 그들의 마음을 사로잡을 수 있었다.

전통적으로 일본인은 중국자기보다 조선 백자를 좋아했다. 그것도 분청사기(粉靑沙器) 류의 소박한 막사발을 더욱 선호하였는데 여기에도 차와 깊은 관련이 있다. 조선 도자기는 도공이 완성하는 것이 아니다. 연질의 자기를 구워 오랫동안 차를 마시면 그릇에 찻물이 스며들게 마련이다. 처음에는 빙렬(氷裂) 무늬가 뚜렷하지 않지만 갈라진 틈으로 찻물이 스며들어 그물무늬는 점차 뚜렷해진다. 그리고 찻잔에 갈색 찻물이 들어 붉은 반점이 생기거나 그릇의 안쪽이 짙은 갈색으로 변하면 더욱 신비스러운 미감을 자아낸다.

일본인은 그 기막힌 찻잔의 미학을 높은 경지로 끌어올렸다. 중국 찻잔은 고온에서 구웠으므로 변하지 않는데 비해 조선 그릇은 도공이 미완성 상태로 만든 것을 차를 마시는 차인이 오랫동안 사용하여 비로소 찻잔을 완성시키는 셈이다.

한 때는 천목다완(天目茶碗) 계의 중국 자기가 일본에서 크게 유행한 적이 있었으나 경질의 찻잔으로서는 그들의 마음을 끝까지 사로잡지 못했다. 그래서 19세기

이후 다시 조선백자에 대한 관심이 높아지면서 조선 공예품을 수집하는 사람들이 급속도로 늘어나게 되었다. 야나기무네요시(柳宗悅)는 조선공예에 대한 해박한 지식을 바탕으로 많은 논문을 발표한 대표적인 일본 학자이다. 또 오쿠라(小倉武之助)컬렉션과 아타카(安宅)컬렉션의 수많은 조선백자와 청자는 도쿄박물관에 1,030점, 오사카부립동양도자미술관(大阪府立東洋陶磁美術館)에 793점이나 소정돼 있다.

일제강점기에는 수많은 왕릉이 도굴되었고 조선인의 무관심 속에서 일인들의 문화제 반출이 절정에 이르렀다. 조선 문화재의 우수성이 널리 알려지면서 1935년(昭和 10) 11월 30일부터 12월 5일까지 6일간에 걸쳐 2000여 점의 대규모 조선 문화재 전람회가 일본 오사카 마츠자카야(松坂屋)백화점에서 처음으로 열렸다. 이 전시회는 당시 경성의 경시청 동쪽에서 문명상회(文明商會)라는 고미술상을 경영하면서 조선공예연구회(朝鮮工藝硏究會)를 이끌었던 이희섭(李禧燮)이 수집한 것들로 일본 문화계로부터 큰 호응을 얻었다.

이 씨는 수년에 걸쳐 도서벽지와 산간 오지를 누비며 자신이 본 것들을 헐값에 사들였다. 그 수집품 중에는 낙랑, 대방문화(帶方文化) 발굴품과 삼국시대의 토기와 와당이 포함돼 있다. 또 고려의 운학문다완(雲鶴紋茶碗)을 비롯하여 청자다완 등 20여 점의 고려다완과 10여 점의 백자다완이 포함돼 있다. 그리고 조선 말기의 동기(銅器), 불상, 옥석(玉石), 목칠가구(木漆家具), 석탑에 이르기까지 다양하다.

이희섭이 《조선공예전람회도록(朝鮮工藝展覽會圖錄)》에 소개한 공예품 목록은 낙랑고분 출토품을 비롯하여 삼국시대의 토기와 와당(瓦當), 석기(石器), 불상과 고려시대의 청자, 동종(銅鐘), 목기(木器) 등이다. 또한 조선백자와 분청사기, 금속기, 석물, 칠기(漆器)까지 다양하게 선을 보였다.

이때의 전시회가 성공을 거두자 1941년에는 동경 한 복판 다카시마야(高島屋)백화점에서 두 번째 전시회를 열었는데 미나미지로(南次郎)총독의 후원을 받았으며 일본의 고위관료까지 적극 협조한 행사였다. 골동상 개인의 전시회가 아니라 일본정부의 비호를 받은 대규모 문화재 반출사건인 셈이다. 당시의 출품작은 3천여 점으로 고려청자, 조선백자, 목칠가구, 토기, 회화, 서예작품, 석물 등의 일품(一品), 가품(佳品), 명품(名品)이 대부분 팔려 나갔다. 심지어 전국을 누비며 묘지의 석상, 석등 같은 석물마저 선편으로 실어 보냈다.

그 뒤에도 이희섭은 5번을 더해 모두 7회에 걸쳐 조선 미술품을 일본에서 전시판매하여 큰 부자가 되었다. 그는 국보급 문화재를 비롯한 유구한 조선의 역사와 자존심까지 일본에 반출한 대표적인 친일 인사인 셈이다. 그는 한 번 전시에 2, 3천 점씩 어림잡아도 2만 점 이상의 귀중한 문화재를 일본으로 반출했다. 해방후 문화제 반출의 과오를 지적하자 1946년에는 금동불상 3점을 국립박물관에 기증하기도 했다. 이희섭은 그 엄청난 조선 문화재를 팔아넘기고 받은 돈으로 함경도에서 금강에 투자하여 모두 날려버리고 말았다.

일본 전시회에 앞서 국내에서 이희섭이 수집한 대부분의 고미술품은 군산의 대지주인 미야자키(宮崎)에게 넘어갔다. 미야자키는 가난한 농민에게 고리로 돈을 빌려

주고 갚지 못하면 땅을 빼앗았다. 그래서 삼남 제일의 부자가 되어 부를 누렸으며 그 부를 바탕으로 조선 문화재를 일본으로 반출했다. 그가 수집한 명품 중에는 현재 호암박물관에서 소장하고 있는 청자오리모양연적(靑磁鴨形硯滴)도 포함돼 있다.

이 도록에 실린 금동향로(金銅香爐)는 능산리 고분군에서 출토된 백제금동대향로(百濟金銅大香爐) 이전까지는 가장 우수한 것으로 알려졌으나 이 또한 지금은 소장처를 알 수 없다.

전시도록에 실린 국보급 또는 보물급 문화재는 국내에 소개된 적도 없는 걸작도 들어 있어 미술사를 연구하는 학자나 학습자들에게는 귀중한 자료가 될 것이다. 우리 미술사의 한 페이지를 복원할 수 있는 귀중한 자료가 아닐 수 없다. 이들 문화재는 판매를 목적으로 전시했으므로 대부분 현지에서 흩어져 다시 국내로 되돌아오지 못했다.

이 전시 도록을 통해 사진으로나마 잃어버린 우리 문화재를 다시 만날 수 있어 반갑기도 하지만 어쩐지 마음 한 구석에 씁쓸한 아쉬움이 남는다.

朝鮮工藝は古くから、我國工藝の母胎の觀があるが、殊に桃山時代以後の茶道を中心とした、我が近世工藝は、殆んど其延長と稱しても宜い位である事は、今更喋々を要しない所である。

晩近泰西工藝の傾向が、東洋の影響を受けて、素朴の表現に赴くに際し、我國に於いても茶道は復興的流行を來たし、所謂下手物の雜器工藝に對する趣味は、大に古美術古工藝鑑賞家の間に起つたのである。從つて朝鮮古工藝の紹介展觀せらるゝこと、今日の如く盛んなるは、未だ曾つて見ぬ所である。

李禧燮君は、京城に文明商會を經營してゐる半島人であるが、數年來、自から親しく鷄林八道の山間邊陲に古工藝を涉獵し、或は古都の舊家に就いて探訪し、遂に數千點の古工藝品を蒐集するに至つた。余之を一覽するに、上は樂浪帶方の發掘品より、下李朝末期の手澤品に至る迄の、古銅器、佛像、玉石、陶磁、木工、漆工の各種に亘り大は丈余の古石塔より、小は分余の硝子玉に及び、稀世の珍品と、市井の雜器と混交して、澎然たる朝鮮古工藝の全貌を展示するが如き觀がある。素より茶人が千金を投じ、幾多曲折を經たる傳世の由緒品では無いが。半島の山間より初めて都門に參趨したる初心の品の方が多い。從つて時に風雲に乘じて、玉臺に昇るもの無きを保し難いと思つた。

今般其蒐集の內より貳千點餘を、朝鮮工藝研究會主催の下に、大阪松坂屋館內に展觀し、以て江湖の淸鑑を仰ぐとの事である。余元より古今の朝鮮工藝に關心を持つ者、一言を卷首に序する所以である。

昭和拾年秋十月

正木直彦識

一　樂浪出土鍍金博山炉

高六寸七分
巾六寸一分

二—三 樂浪出土硝子玉

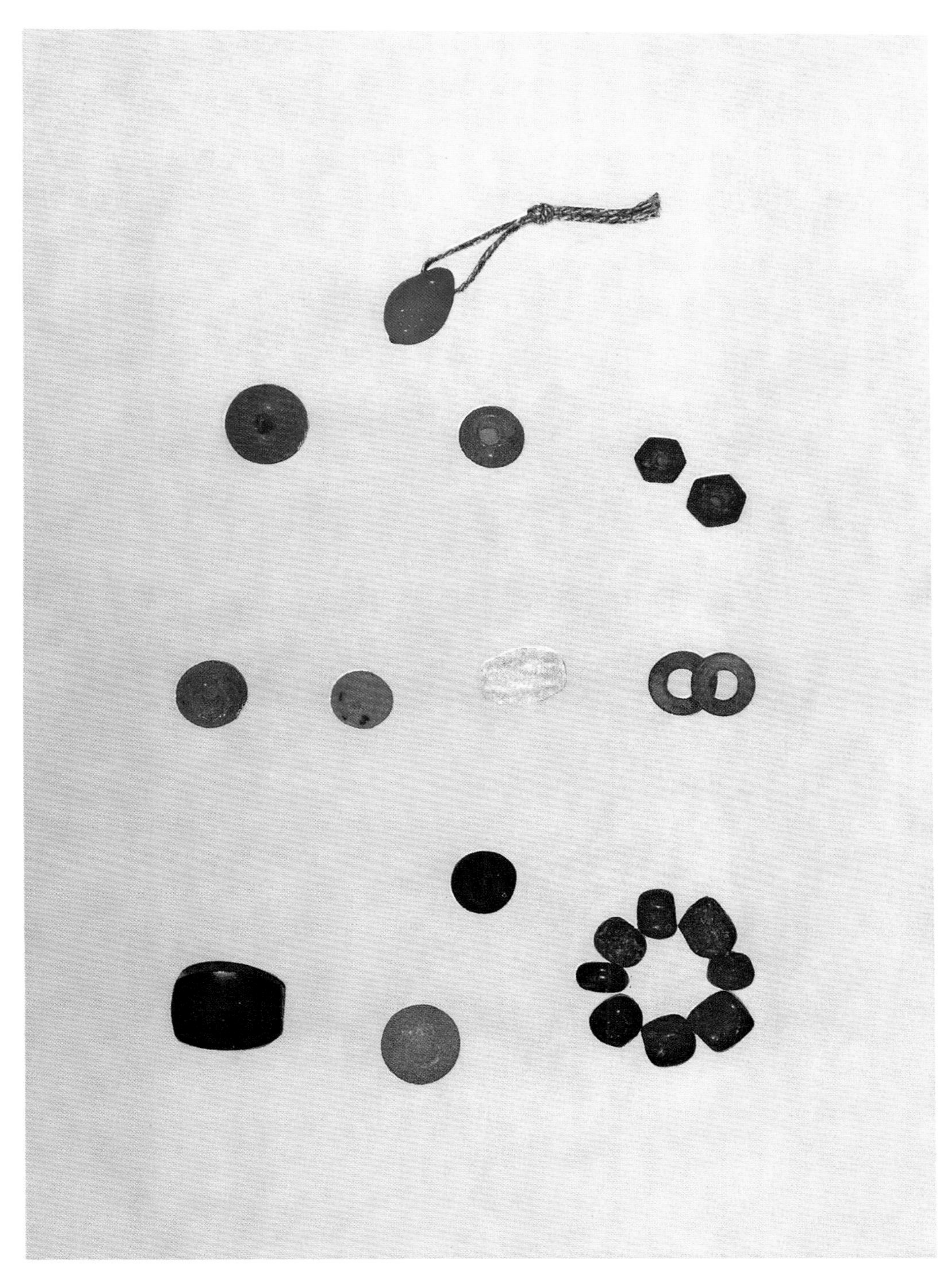

二二 新羅鍍金立佛

高 九 寸

二三 新羅鍍金倚像

光背臺座共 高 一尺七寸五分

二四　高麗青磁彫刻龜蓋香炉（朝鮮古蹟圖譜第八輯三四七二所載　森辰男氏舊藏）高六寸七分

二五 高麗暦手大壺

高一尺一寸
徑六寸

二六　花三島四耳付大壺

高　一尺七寸
口經　三寸

二七　雲鶴鳳凰牡丹文辰砂大瓶

高一尺三寸
巾七寸

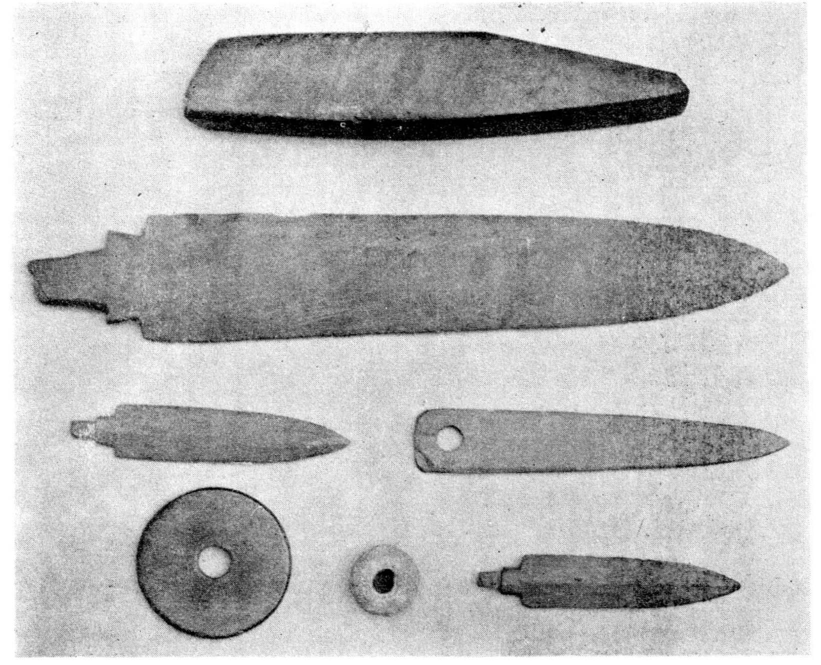

二八—三四　樂浪出土石器　七種

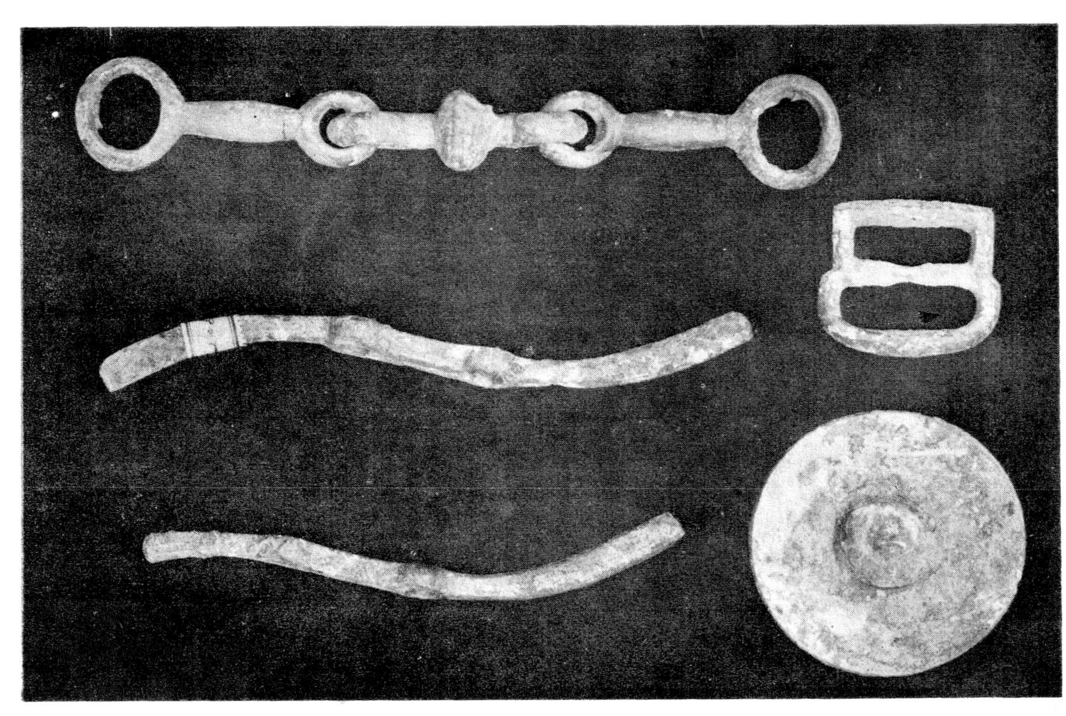

三五　樂浪出土鍍金馬面及轡　六個一組

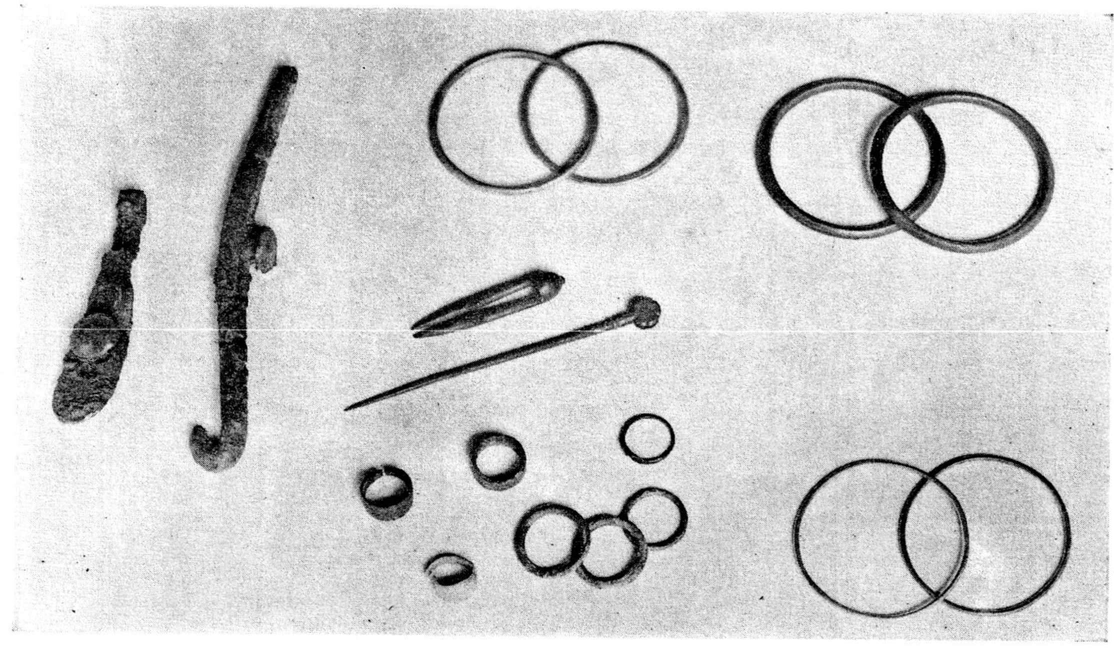

三六—五〇　樂浪出土金腕輪、指環、簪、帶鉤

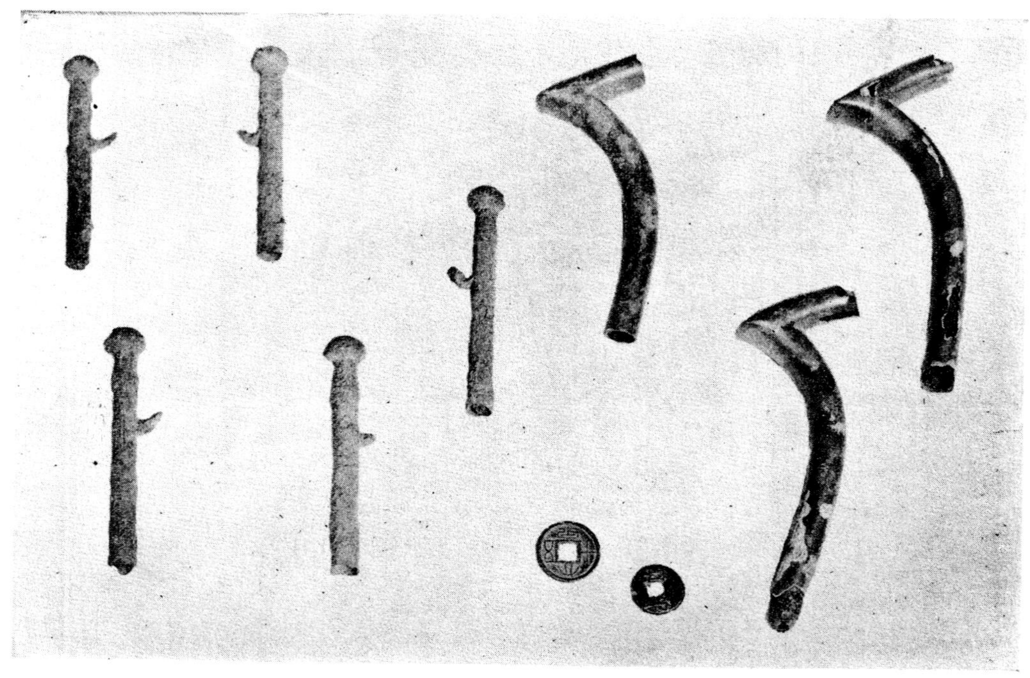

五一—六〇　樂浪出土乙字型丁字型銅器、五銖錢

六一—六二 樂浪出土銅車軸

六三 樂浪出土銅洗

高 二寸八分
巾 一尺一寸四分

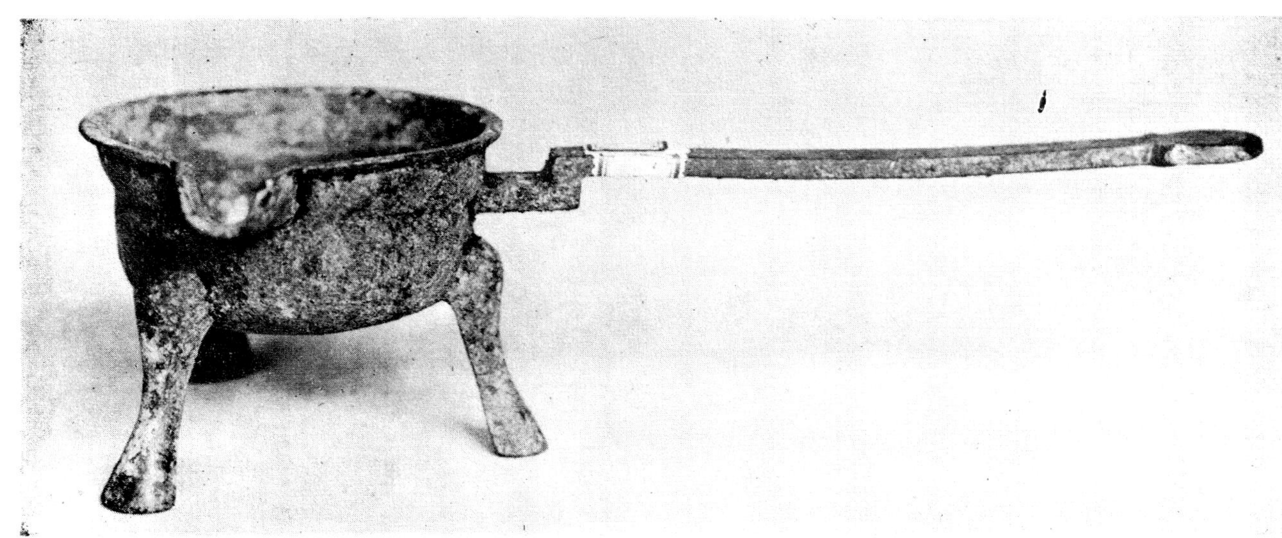

六四 樂浪出土錐斗

高 一寸八分
徑 二寸二分
柄 四寸二分

壹 樂浪出土銅甑 高五寸 口徑九寸八分 銅鍑 高八寸七分 口徑六寸八分 平壤 中村氏舊藏

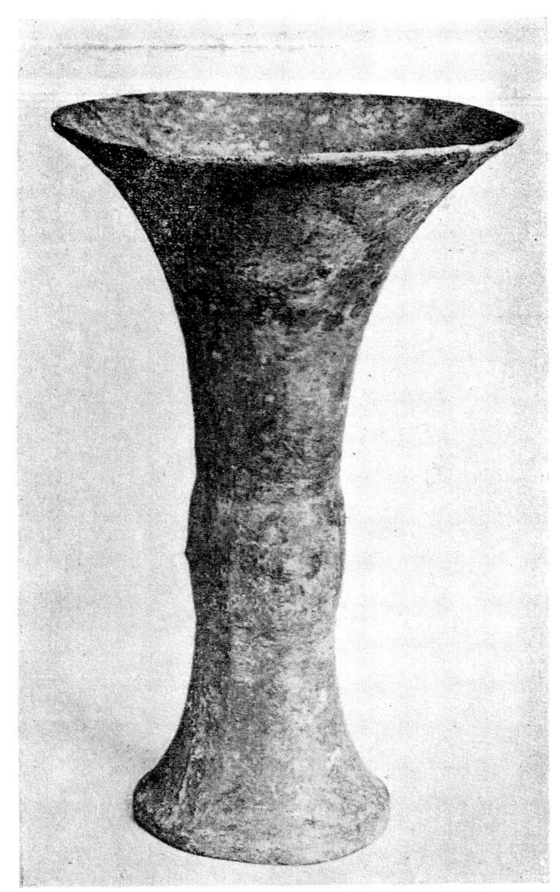

六六 樂浪出土銅尊 高三寸 口徑四寸三分

六七 樂浪出土銅香爐 高三寸八分 巾五寸六分

六九 樂浪出土錐斗 徑五寸

六八 樂浪出土錐斗 徑六寸八分

七〇 樂浪出土銅鼎 高六寸 徑五寸

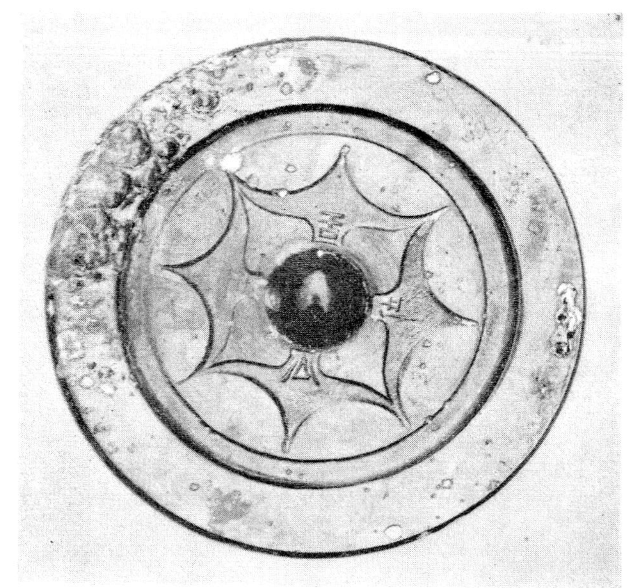

七一 樂浪出土鏡 徑四寸

七二 樂浪出土銅尊 高六寸六分 口徑六寸三分

七三 樂浪出土大壺

高 一尺二寸五分
口徑 五寸五分

七五 樂浪出土壺

高 三寸八分
口徑 二寸六分

七四 樂浪出土壺

高 八寸一分
口徑 五寸二分

七七 樂浪出土土器

高 四寸四分
口徑 三寸九分

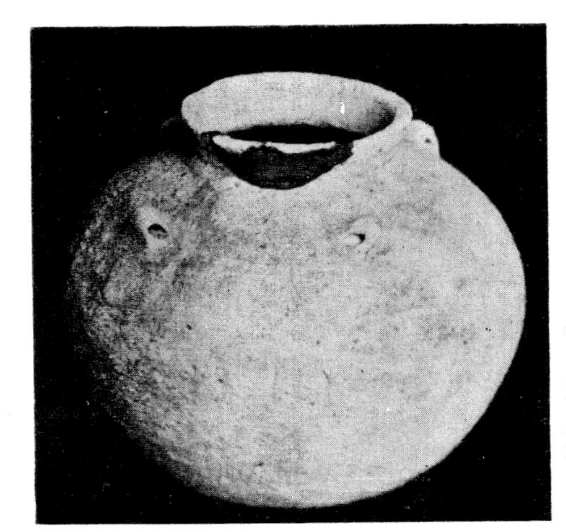

七六 樂浪出土壺

高 五寸
口徑 二寸八分

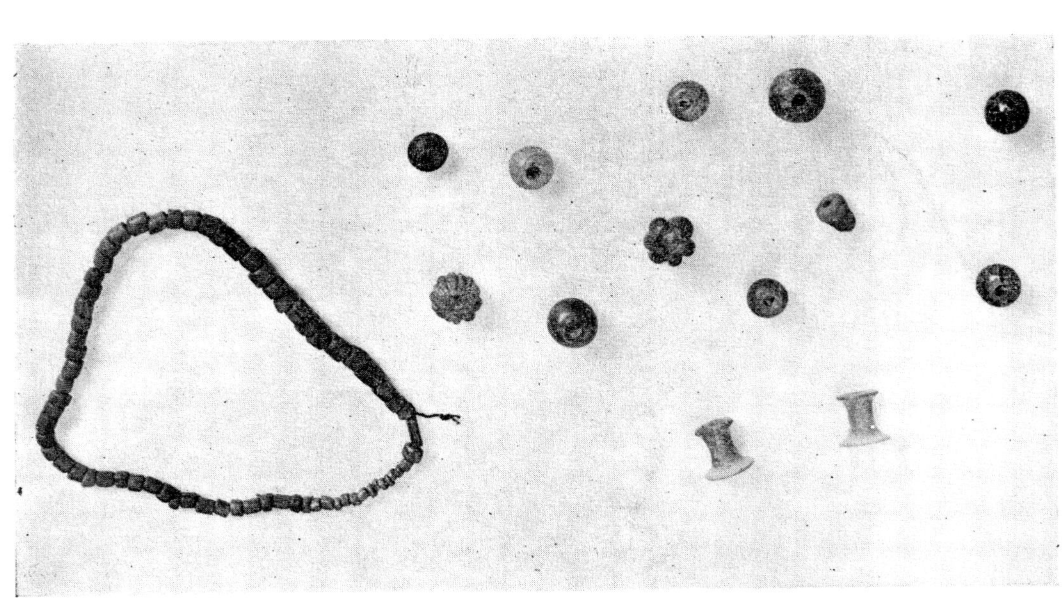

七八——八〇 樂浪出土硝子玉

九一—九五 高勾麗出土土器及佛像

九六 高勾麗鐵鉾及劍 大同面出土

九八 高勾麗出土鐵釜 高一尺五分 徑九寸五分

九七 高勾麗出土鐵錐 高一尺二寸

九九 新羅素燒大壺、高付

高各二尺一寸

一〇〇 新羅四耳附坩

高 七寸五分
口徑 三寸五分

一〇二 新羅小壺

一〇一 新羅手附坩

高 五寸八分
口徑 二寸八分

一〇三 新羅青銅細口瓶　高一尺

一〇四 新羅砂張　高四寸 徑五寸九分

一〇五 新羅砂張　高四寸三分 徑六寸

一〇六 新羅銅佛立像 高四寸

一〇七 新羅鍍金佛立像 高三寸八分

一〇八 新羅銅佛立像 高二寸

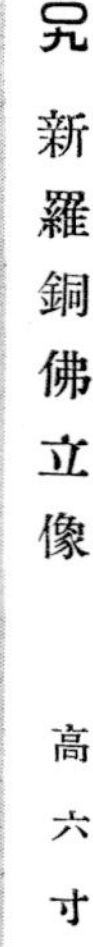

一〇九 新羅銅佛立像 高六寸

二〇 新羅銅佛座像 高五寸四分

二一 新羅銅佛立像 高五寸

二二 新羅銅佛立像 高一尺三寸

一二三 高麗青銅盤付瓶

高 一尺
口徑 三寸一分
臺盤徑 六寸二分

一二四 高麗青銅瓶掛

高 五寸九分
徑 九寸

一五 高麗靑銅水甁

高 四寸
口徑 三寸一分

一六 高麗銅鼓(在銘)

高 五寸二分
徑 一尺三寸五分

一七 高麗銅火舍

高 六寸一分
徑 一尺四寸八分

一八 高麗蒸釜

高 八寸
徑 一尺四寸五分

二〇 高麗金銅坐佛

高 三寸八分

一九 高麗鍍金割符入

高 三寸三分
巾 二寸三分

三 高麗塗金座佛

高 一尺九寸二分

二三　高麗梵鐘　高九寸五分

三三　高麗梵鐘　高一尺六寸五分

銘曰、崇禎記元後四戊年九月　日
中鐘改鑄
大丘　金　鐘得
都片寺

一二四　三國如意輪觀音菩薩銅像　高七寸

一二五　時代木彫立像　高 二尺四寸

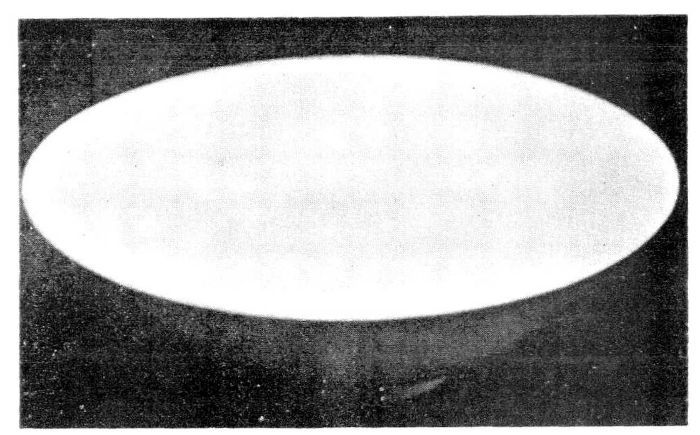

一二六 高麗白磁茶碗 徑 六寸六分

一二七 高麗白磁茶碗 高 二寸五分

一二八 高麗白磁鉢 高 二寸三分 巾 三寸七分

一二九 高麗白磁皿 高 一寸五分 巾 七寸二分

一三〇 高麗白磁水指 高七寸五分

一三一 高麗青磁蓋付香爐 高四寸六分

一三二 高麗青磁爵 高五寸五分

一三三 高麗白磁花形香盒 徑 二寸二分

一三四 高麗白磁香盒 徑 一寸七分

一三五 高麗白磁陽刻香盒 徑 三寸

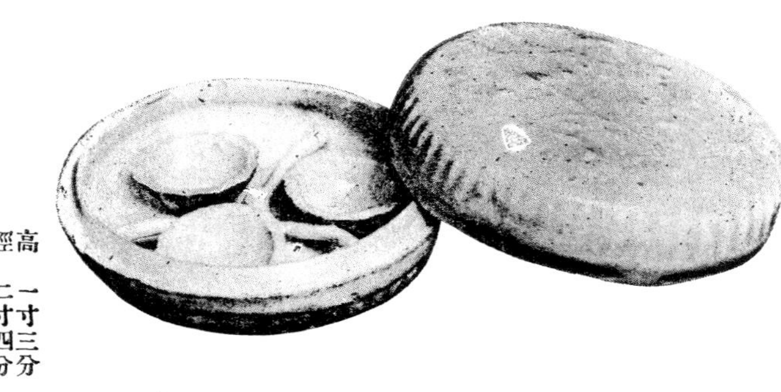

一三六 高麗白磁陰刻盒 高 一寸三分 徑 二寸四分

一三七 高麗青磁瓢形水指

高九寸

一三八 高麗青磁兩耳花生

高 七寸三分

一三九 高麗青磁淨瓶

高 一尺二寸

一四〇 高麗青磁瓜形瓶

高 七寸八分
口徑 二寸

一四一 高麗青磁瓢形陰刻水注

高 八寸三分

一四三 高麗青磁獅子蓋付水指

高 七寸五分

一四二 高麗青磁陰刻茶碗

高 二寸五分
巾 五寸三分

一四四 高麗青磁陰刻茶碗

高 一寸九分
巾 五寸七分

一四五 高麗青磁水盤

徑 六寸七分

一四六 高麗青磁陰刻香爐

高 三寸
口徑 二寸五分

一四七 高麗青磁柳文陰刻植木鉢

高 七寸一分
徑 九寸五分

一四八 高麗青磁蓋附小壺 高 二寸七分

一四九 高麗青磁陰刻文香爐 高 二寸四分 巾 四寸七分

一五〇 高麗青磁陰刻水注 高 八寸二分

一五一 高麗青磁陰刻瓜形蓋附水指

高 六寸五分

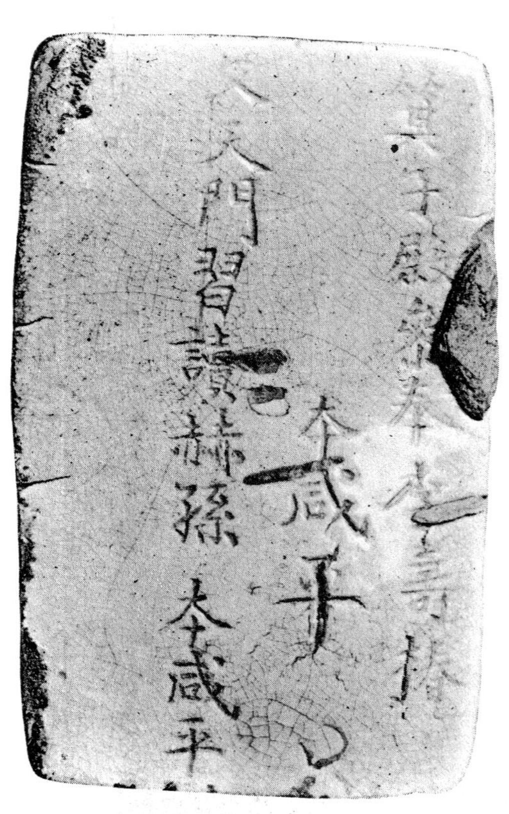

同 裏

竪 七寸二分
横 四寸四分

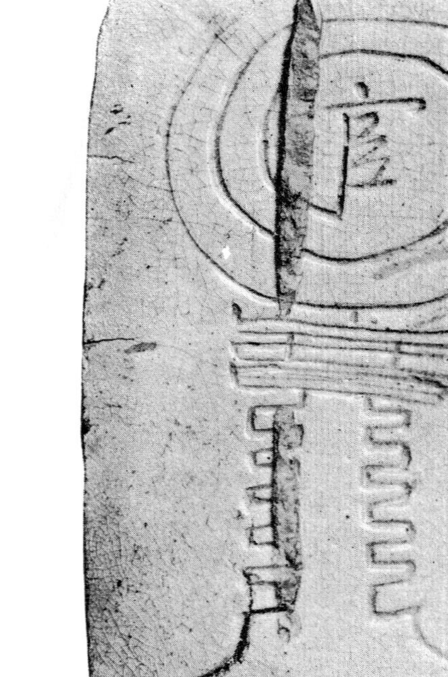

一五二 高麗青磁墓碑銘 表

一五三 高麗青磁瓶　高　二寸六分

一五四 高麗青磁人形水滴　高　五寸五分

一五五 高麗青甆牡丹文陰刻水注　高　一尺二寸六分

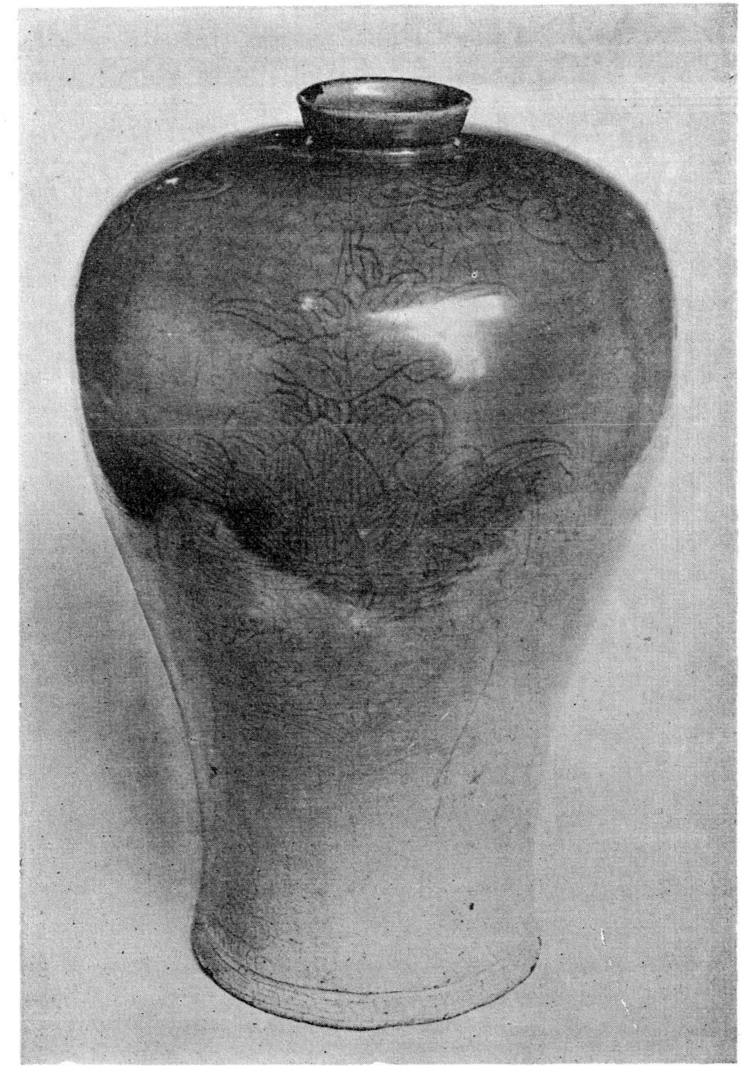

一五六 高麗青磁牡丹文陰刻瓶

高 一尺一寸
口徑 一寸九分

一五七 高麗青磁牡丹唐草陽刻植木鉢

高 四寸八分
徑 七寸

一五八 高麗青磁菊象嵌香盒
徑 二寸七分

一五九 高麗雲鶴象嵌香盒
高 一寸七分
巾 三寸二分

一六〇 高麗菊象嵌香盒
徑 二寸五分

一六一 高麗雲鶴香盒
徑 四寸五分

一六二 高麗青磁雲鶴文組盒
高 一寸六分
徑 三寸九分

一六三 高麗青磁菊象嵌瓶

高一尺一寸

一六四 高麗青磁雲鶴文水注

高 一尺一寸五分

一六六 高麗青磁象嵌小壺

高 一寸二分

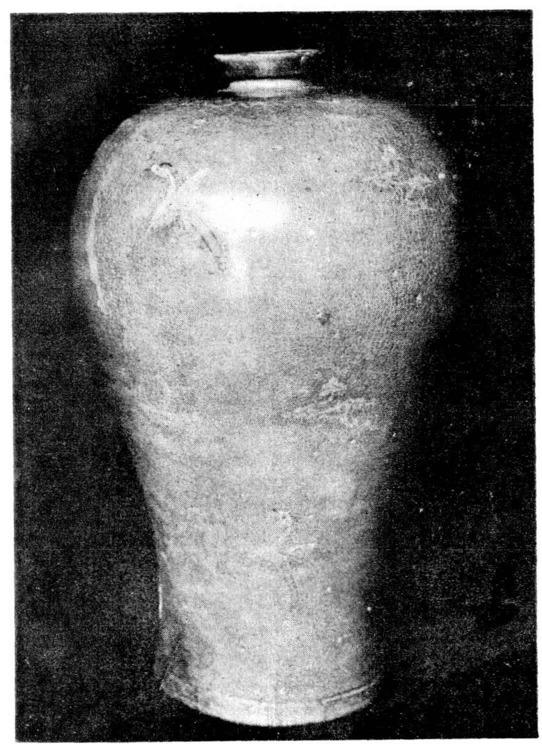

一六七 高麗青磁雲鶴文瓶

高 一尺三寸
口徑 一寸七分

一六五 高麗青磁雲鶴象嵌高杯

高 三寸四分
徑 四寸四分

一六八 高麗青磁象菊嵌油壺

高一寸五分
巾二寸七分

一六九 高麗青磁菊象嵌瓶

高九寸三分
口徑一寸九分

一七〇 高麗青磁菊花文象嵌水注

高八寸四分
口徑二寸二分

一七一 高麗青磁象嵌皿

高一寸一分
徑四寸

一七二 高麗青磁菊花文象嵌瓶

高 九寸八分
口徑 一寸四分

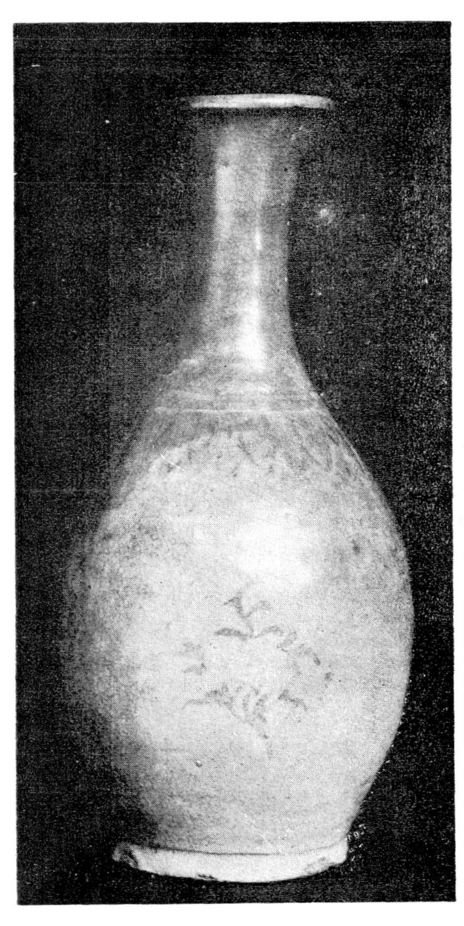

一七三 高麗青磁象嵌瓶

高 八寸七分
口徑 二寸

一七四 高麗青磁双鳥水禽文象嵌鉢

高 二寸七分
徑 六寸六分

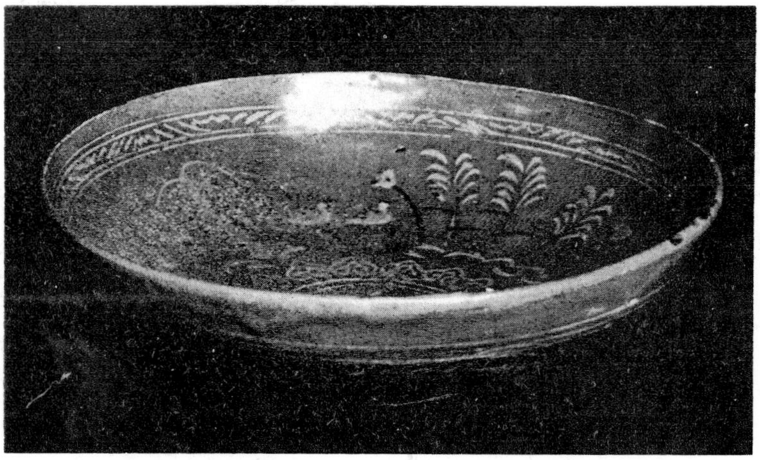

一五 高麗青磁蒲柳水禽象嵌鉢

高 二寸七分
巾 七寸六分

一六 高麗青磁象嵌鉢

高 二寸六分
径 六寸五分

一七 高麗青磁双魚象嵌鉢

高 六寸七分
巾 六寸六分

一六 高麗青磁蒲柳文象嵌水注

高 八寸五分
口徑 二寸

一七九　高麗青磁蒲柳文象嵌水注

高　六寸六分
口徑　一寸四分

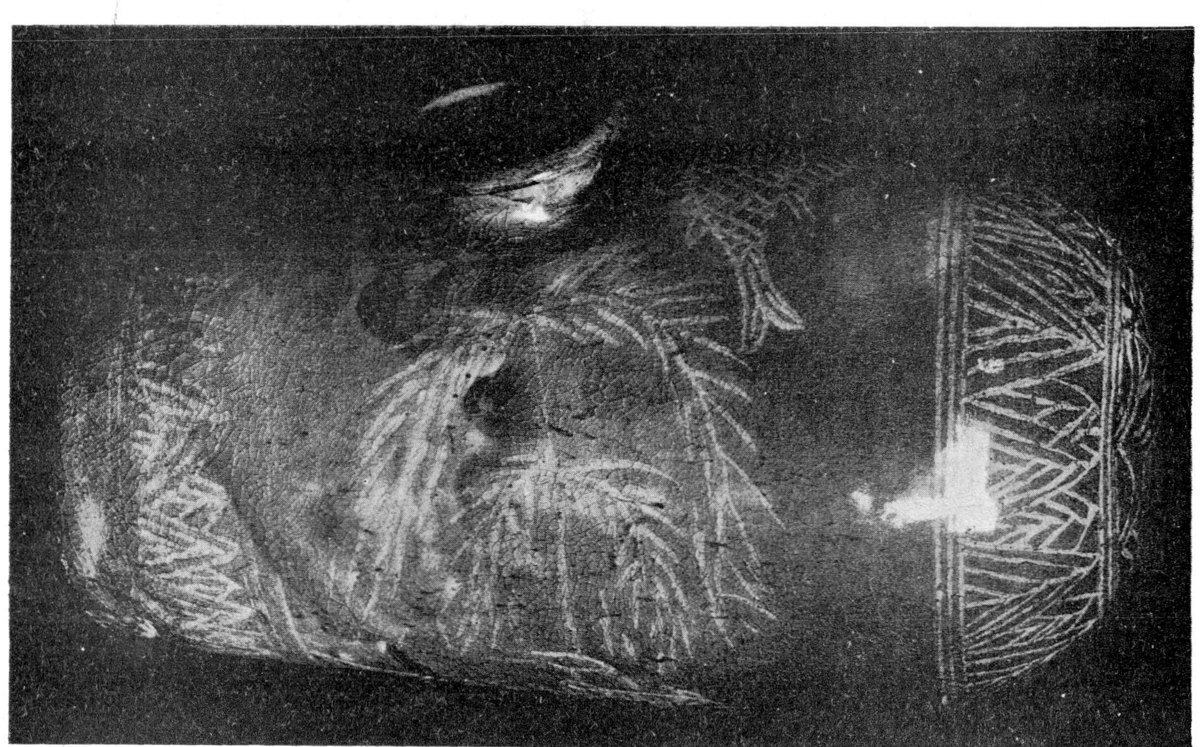

一八〇　三島手青磁双魚文缸

高　六寸五分
巾　九寸五分

一八一 三島手靑磁魚文象嵌瓶

高一尺七寸
口徑二寸四分

一八二 三島青磁双魚文罌

高 五寸六分
巾 一尺三三分

一八四 三島手青磁瓶

高 八寸一分
口徑 二寸

一八三 三島暦手小瓶

高 四寸五分
口徑 一寸二分

一八六 高麗天目釉瓢形瓶

高八寸五分
口徑一寸二分

一八七 高麗天目釉茶碗

徑四寸

一八八 高麗天目釉徳利

高五寸三分

一八九 高麗天目釉手付組小壺

高四寸七分
巾六寸三分

一九〇 高麗天目釉瓶

高 五寸三分
口徑 一寸七分

一九二 高麗天目釉水注

高 六寸五分
巾 六寸

一九一 高麗發掘天目香爐

高二寸五分

一九三 高麗天目釉水注

高 五寸一分
口徑 四寸

一九五 高麗・鐵砂釉水注

高 九寸五分

一九四 高麗天目釉小瓶

高 四寸四分
口徑 九分

一九六 高麗天目釉水注

高 七寸七分
口徑 三寸六分

一九七 高麗柿天目釉茶漉 高 三寸

一九八 高麗天目釉茶漉 高 三寸五分

一九九 高麗天目釉鐵砂入壺 高 七 寸

二〇〇 高麗黃伊羅保釉耳附壺 高 六寸七分 口徑 五寸

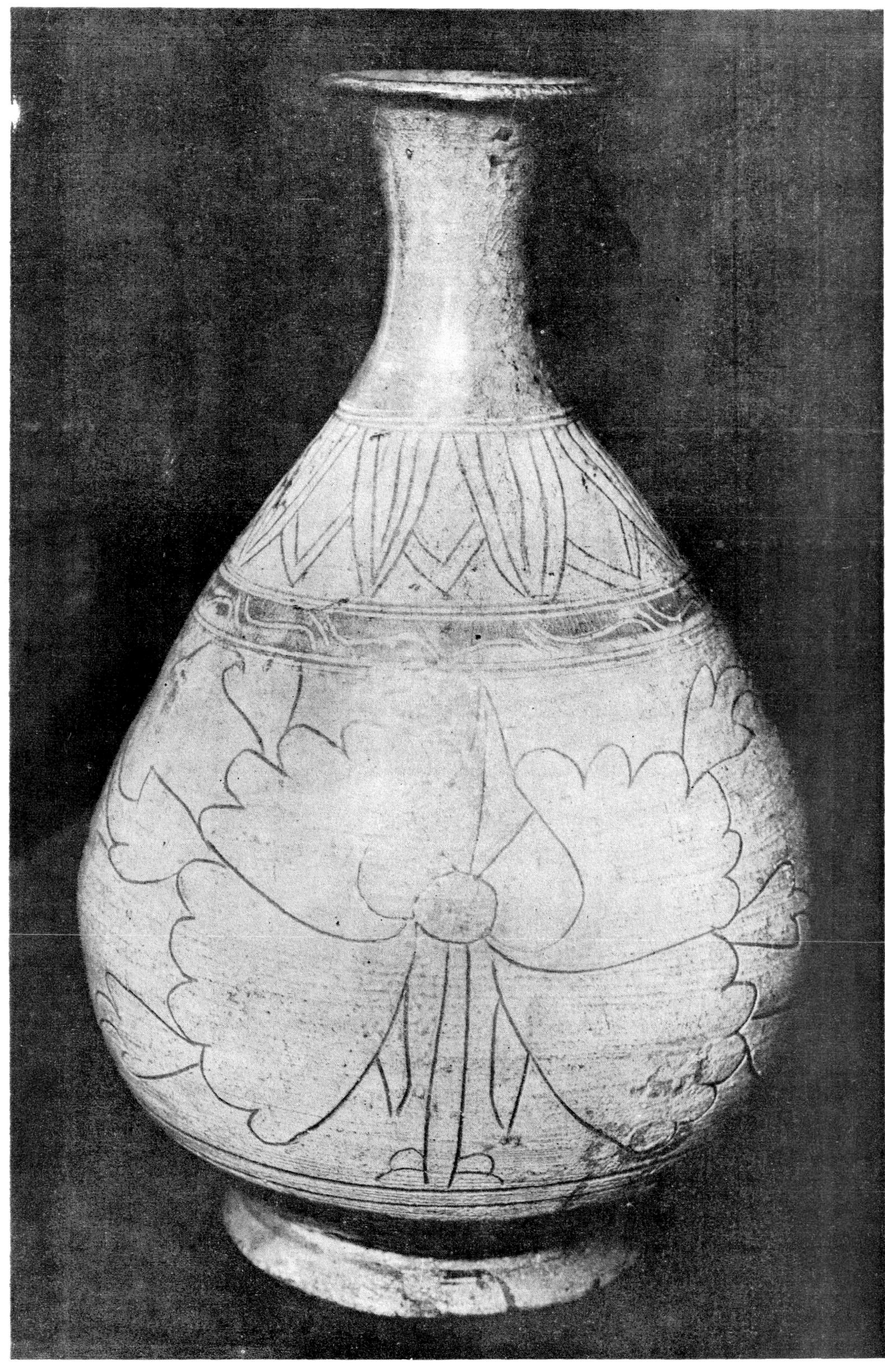

二〇一 彫刷毛目牡丹文瓶

高 九寸八分
口徑 二寸三分

二〇二 彫三島牡丹文壺

高 九寸一分
口徑 二寸四分

二〇三 彫三島扁壺

高 七寸一分

二〇四 彫三島扁壺

高 七寸六分
口徑 一寸六分

二〇五 彫刷毛目魚文瓶

高 九寸八分
口徑 二寸三分

二〇六 彫刷毛目瓶

高 一尺六分
口春 二寸五分

二〇七 彫三島茶碗

高 三寸五分
口徑 三寸五分

二〇八 彫三島水瓶

高九寸五分

二〇九 彫三島壺

高七寸五分

二一〇 花三島碗

高三寸九分
徑五寸三分

三一 暦手三島片口鉢

径 五寸二分

三二 花三島碗

高 三寸六分
径 五寸五分

三三 三島暦手鉢

径 六寸

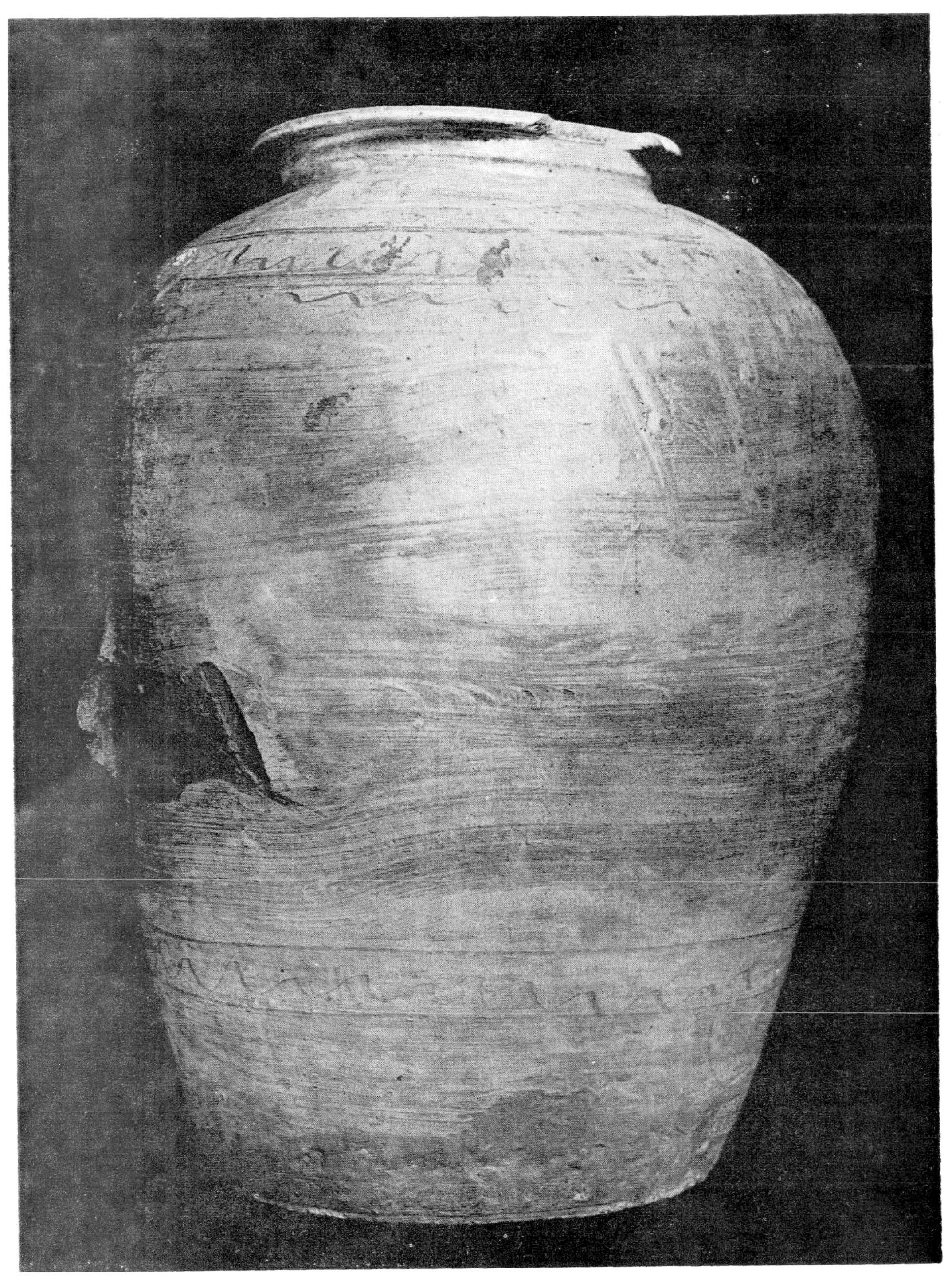

二四 刷毛目大壺

高 一尺四寸五分
口徑 五寸八分

二五 刷毛目壺

高三寸五分
徑四寸五分

二六 刷毛目方鉢

高三寸八分
長七寸四分
巾五寸

二七 刷毛月罌

高五寸四分
巾八寸

二八 刷毛三島壺

高 七寸八分
口徑 三寸九分

二九 刷毛目瓶 高 一尺七分 口徑 二寸五分

三〇 刷毛目脚付蓋杯 高 六寸三分 口徑 五寸

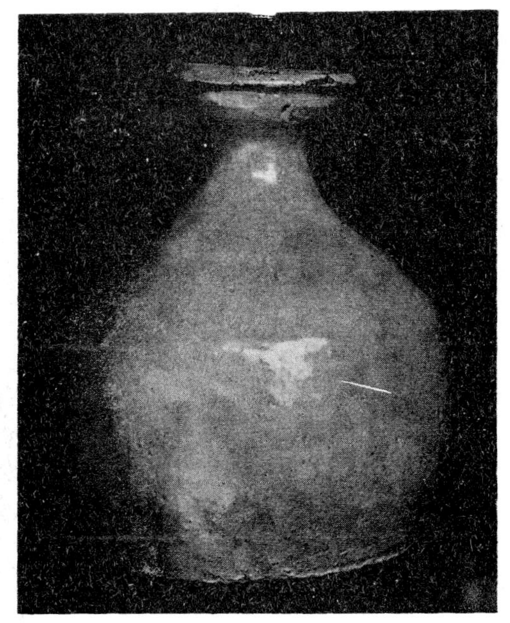

三一 刷毛目瓶 高 五寸 口徑 二寸一分

三二 刷毛目急須 高 二寸九分 巾 二寸二分

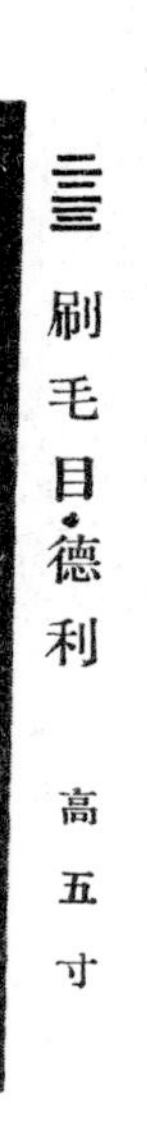

三三 刷毛目德利 高 五寸

二三四 刷毛目茶碗

径 五寸七分

二三六 刷毛目茶碗

高 三寸五分

二三五 刷毛目筒茶碗

高 六寸七分
径 三寸二分

二三七 刷毛目茶碗

高 三寸七分

二八 刷毛目茶碗

徑 四寸七分

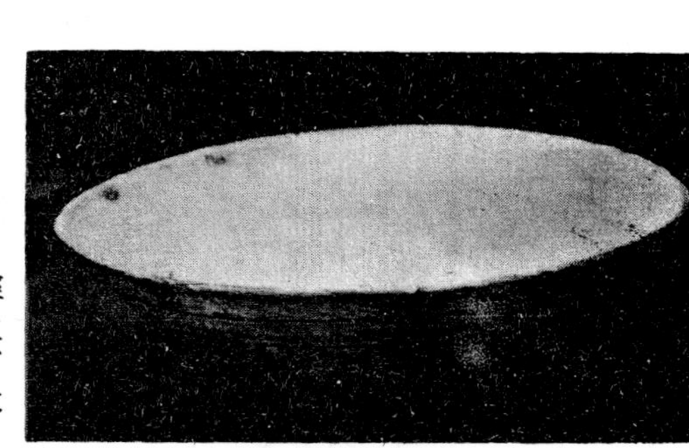

二九 刷毛目茶碗

徑 五寸八分

三〇 刷毛目茶碗

徑 四寸

三一 刷毛目高臺碗

高 四寸

徑 三寸六分

二三二 務安茶碗

高二寸三分
巾五寸二分

二三三 務安茶碗

高二寸
巾五寸八分

二三四 井戸茶碗

高二寸六分
巾四寸

三五 繪高麗水注

高 七寸六分
口徑 二寸八分

三六 繪高麗草花文瓶

高 八寸三分
口徑 一寸八分

二三八 繪高麗蒲柳文水瓶

高 一尺五分

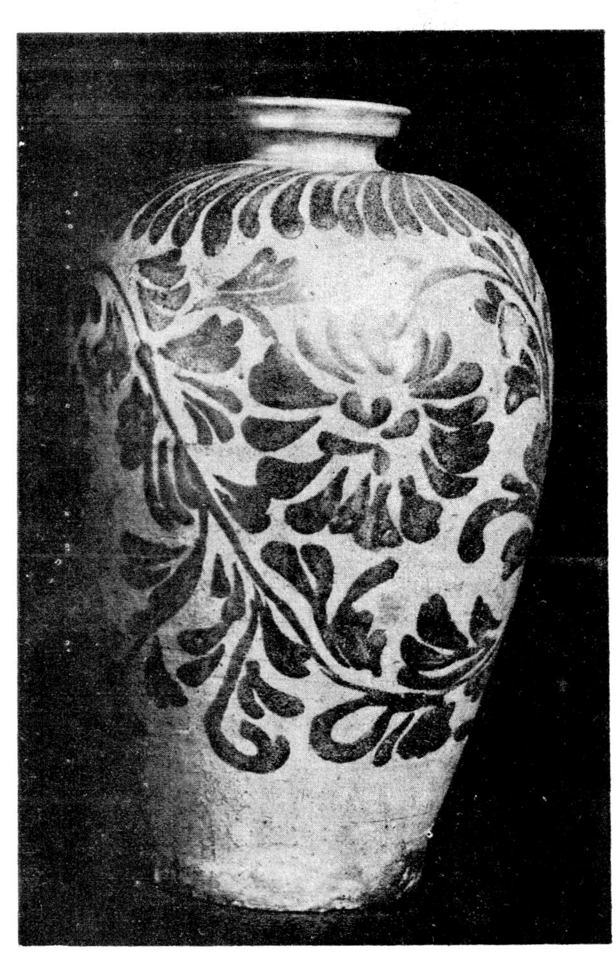

二三七 繪高麗瓶

高 八寸九分
口徑 二寸

二三九 繪高麗草花文瓶

高 九寸
口徑 二寸八分

二四〇 繪高麗花文瓶

高 九寸三分
口徑 一寸八分

二四一 繪高麗四耳果實文大壺

高 一尺三寸九分
口徑 四寸七分

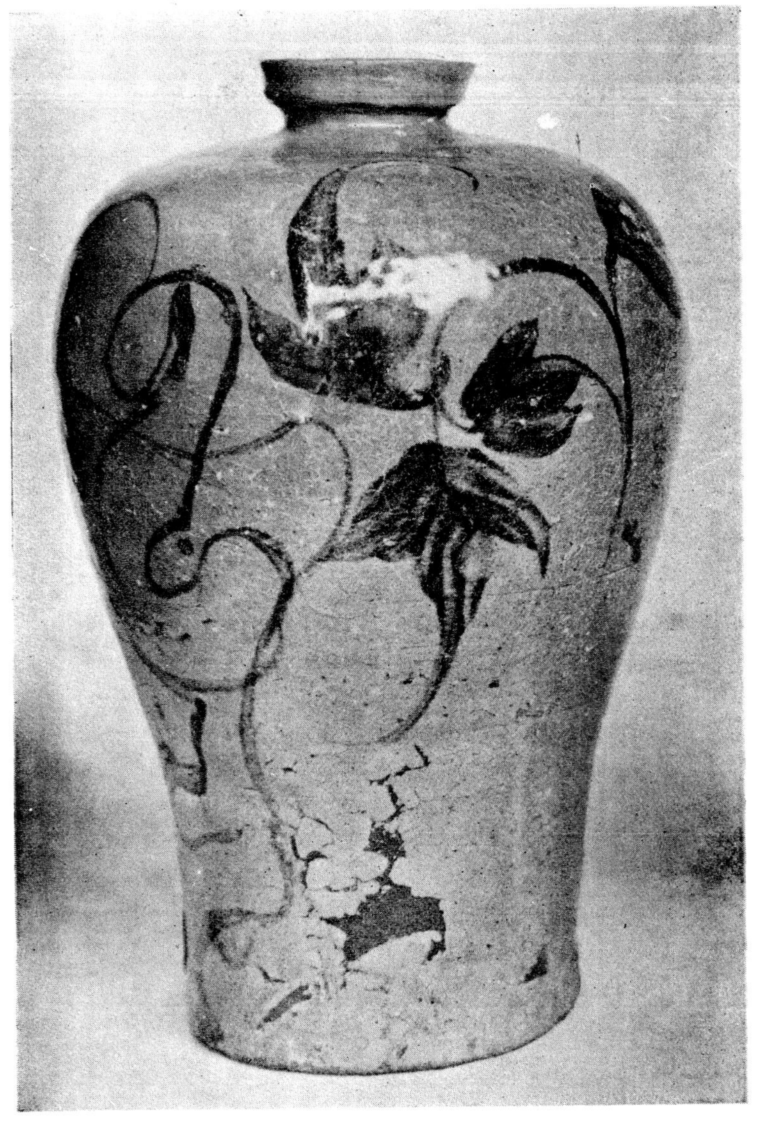

一四三 繪高麗瓶

高八二寸分

一四四 鷄龍山壺

高三寸五分

一四五 鷄龍山小德利

高三寸五分

二四五 繪刷毛目小壺
高 三寸四分
口徑 三寸五分

二四六 繪刷毛目小壺
高 三寸七分
口徑 三寸三分

二四八 鷄龍山刷毛目人蔘葉彫鉢
徑六寸

二四七 鷄龍山人蔘葉大德利
高 一尺五分
口徑 二寸三分

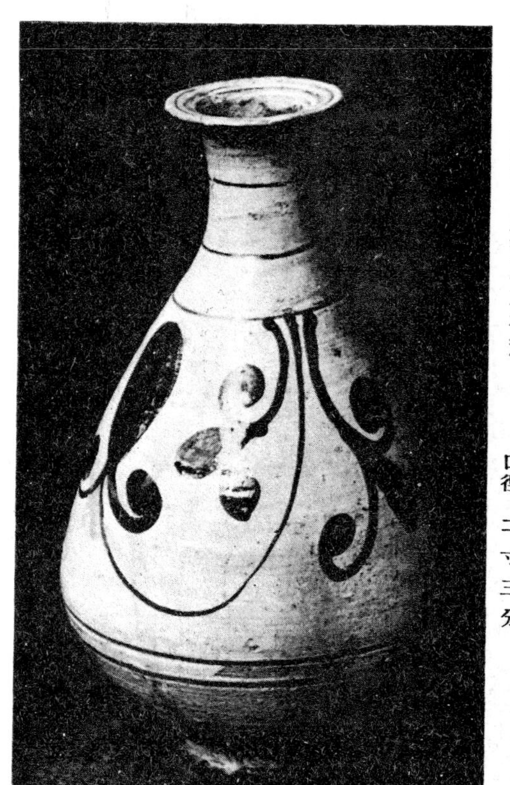

二四九 鷄龍山人蔘葉大德利
高 九寸六分
口徑 二寸三分

二五〇 李朝木彫金箔観音立像 高三尺三寸

二五一 李朝木彫彩色人形 高二尺三寸

二五二 李朝鐵火鉢 高八寸 徑一尺四寸

二三三 李朝白磁陰刻壺

高 七寸八分
口徑 二寸九分

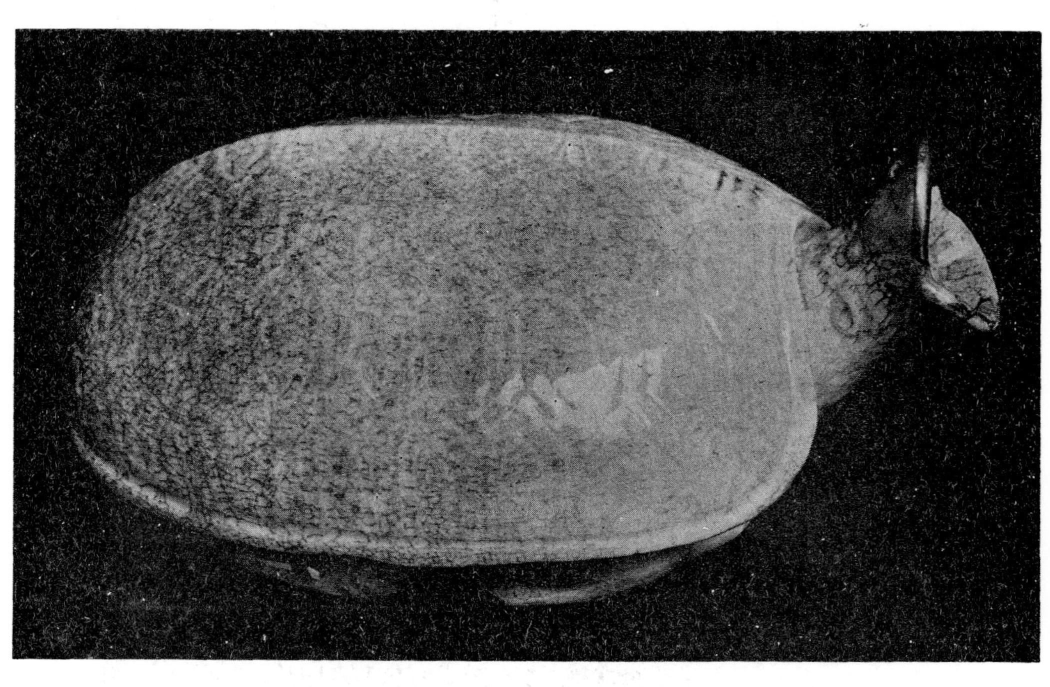

二三四 李朝白磁龜形瓶

高 三寸三分
徑 七寸五分

二三五 李朝金海深鉢

高 五寸七分
徑 八寸二分

二三六 李朝白磁大壺

高 一尺八寸三分
口徑 六寸四分

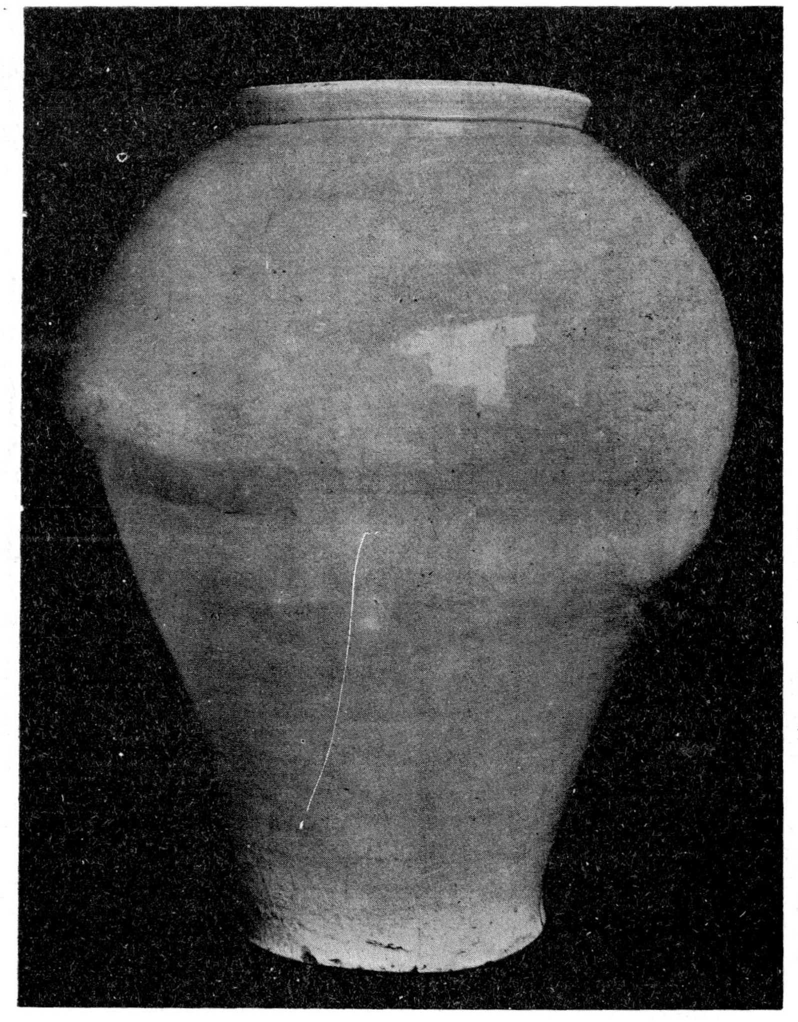

二五七 李朝白磁大壺

高 一尺八寸五分
口徑 七寸三分

二五八 李朝白磁大壺

高 一尺八分
口徑 四寸七分

二五九　李朝雲龍文透彫筆筒　高四寸　徑三寸五分

二六一　李朝白磁鐘形（銘康熙年）　高五寸

二六〇　李朝白磁吉祥文透彫筆筒　高四寸三分　口徑三寸五分

二六二 李朝白磁辰砂入吉祥文透彫水注

高 四寸九分
口徑 二寸

二六三 李朝黃釉蓋付香爐

高 六寸

二六四 李朝天目水指

高 六寸七分
口徑 五寸三分

二六六 李朝天目壺 高 六寸六分 口徑 五寸一分

二六五 李朝天目壺 高 六寸二分

二六七 李朝天目小德利

高 四寸

二六八 李朝天目壺

高 二寸一分
口徑 一寸八分

二六九 李朝天目大壺

高 九寸三分
口徑 五寸二分

二七〇 李朝海鼠釉小壺 高二寸二分 口徑二寸

二七二 李朝天目瓶 高六寸

二七一 李朝天目小徳利 高四寸

二七三 李朝天目面取徳利 高五寸五分

二七四 李朝天目酒瓶 高四寸五分

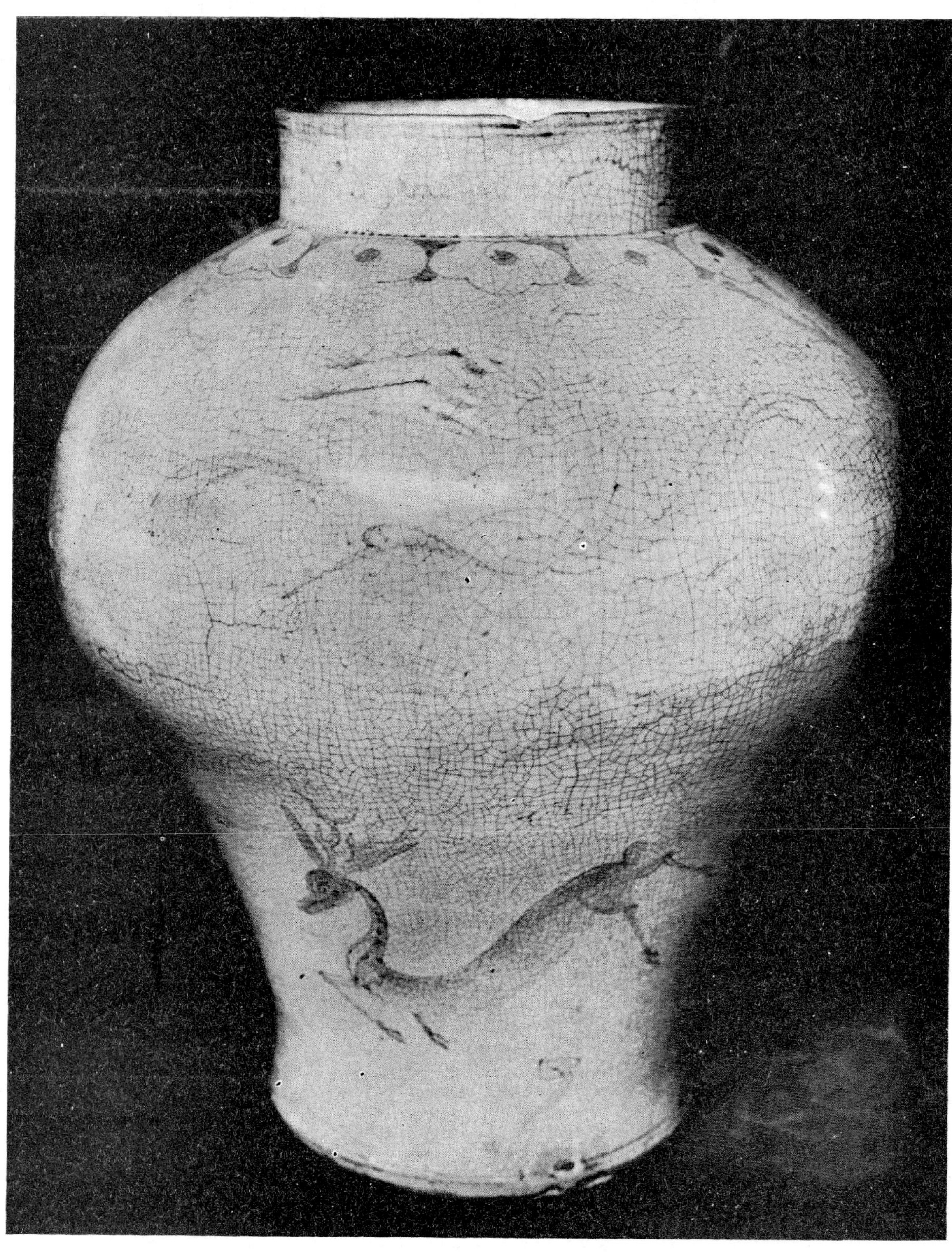

二七五 李朝染付鶴鹿文大壺

高 一尺四寸五分
口徑 五寸六分

二六 李朝染付壺

高 六寸五分

二七 李朝染付龍文大壺

高 一尺四寸六分
口徑 五寸三分

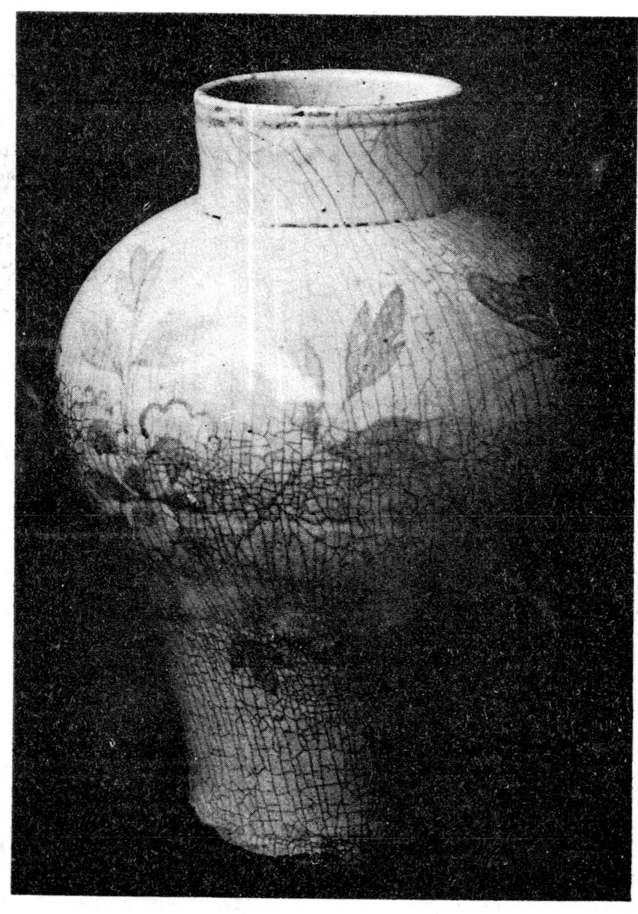

二七八 李朝染付草花文壺

高 一尺四寸
口徑 四寸五分

二八〇 李朝染付唐草文瓶

高 一尺二寸二分
口徑 一寸二分

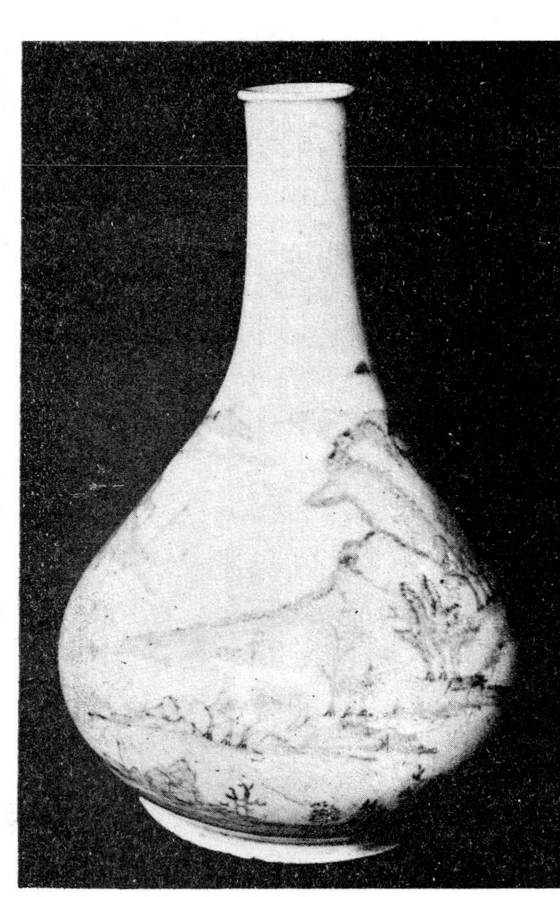

二七九 李朝染付山水文瓶

高 九寸一分
口徑 一寸四分

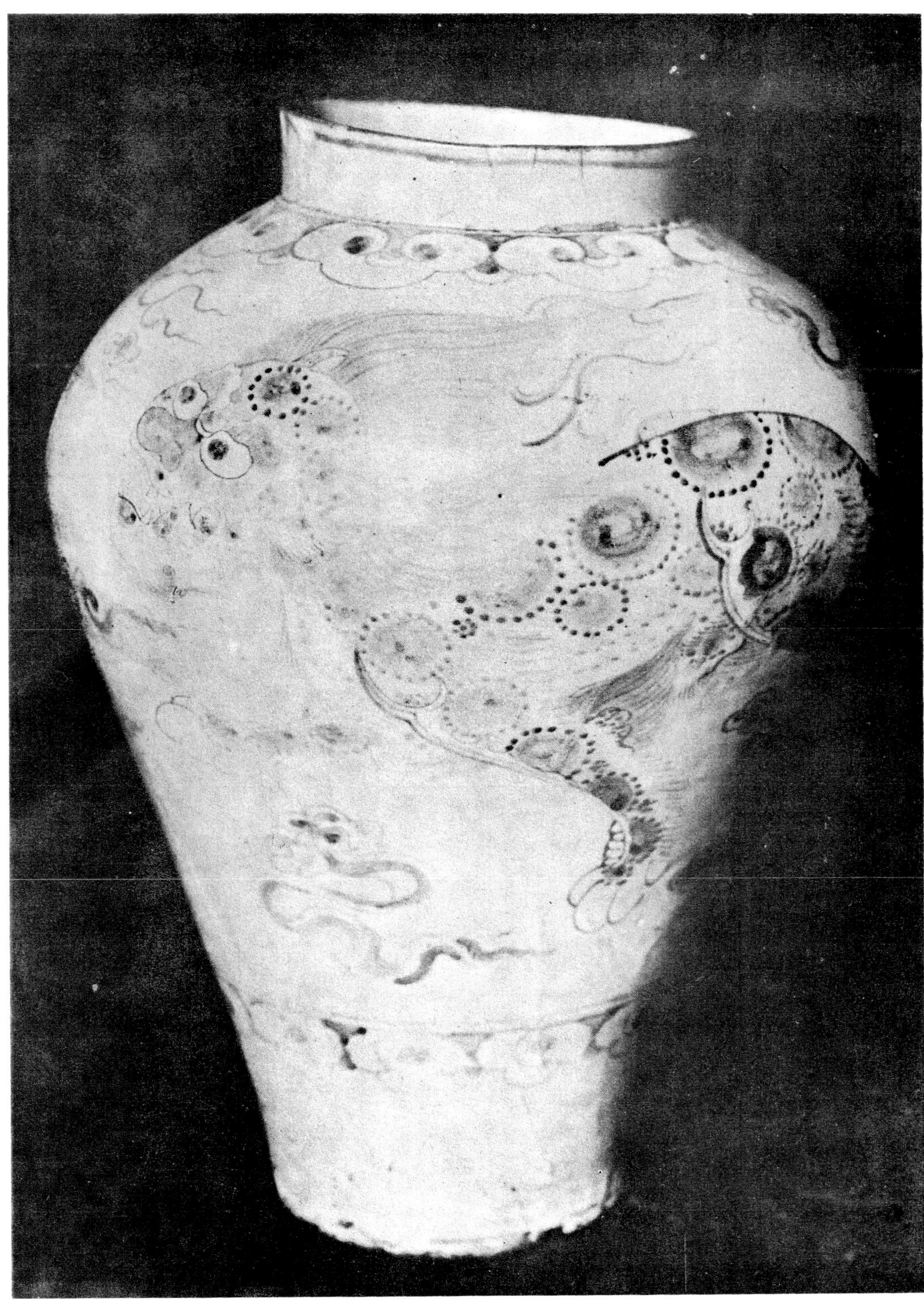

六一 李朝染付双獅瑞雲文大壺

高 一尺四寸
口徑 五寸

二六二 李朝染付龍文壺

高 六寸二分
口徑 三寸

二六三 李朝染付牡丹文瓶

高 一尺一寸五分
口徑 一寸八分

二六四 李朝染付人物文八角瓶

高 一尺三寸四分
口徑 三寸八分

二六五 李朝染付圓壺

高 六寸五分
口徑 四寸五分

二六七 李朝染付油德利

高 八寸
口徑 二寸四分

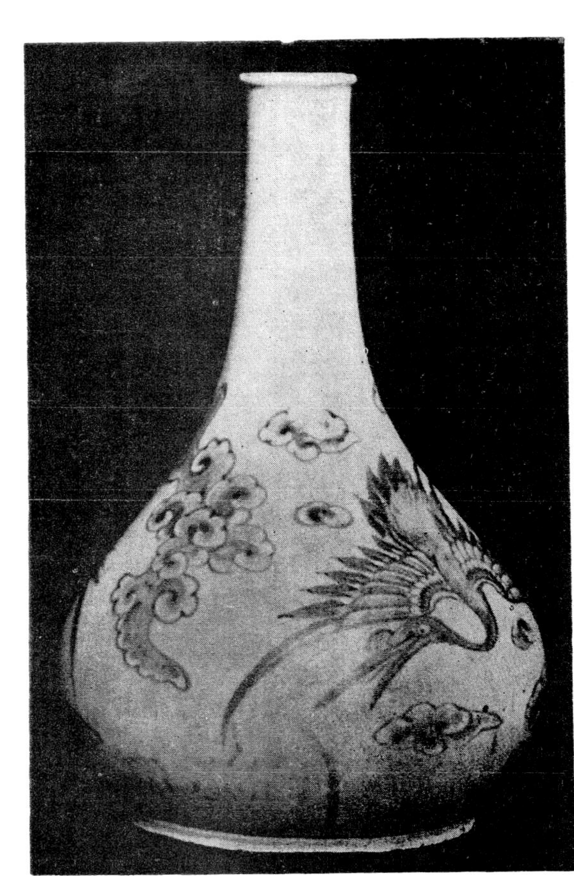

二六六 李朝染付雲鶴文瓶

高 八寸
口徑 一寸一分

二八八 李朝染付水指

高 五寸三分

二九〇 李朝染付波魚文瓶

高 七寸七分
口徑 一寸一分

二八九 李朝染付草花文壺

高 七寸
口徑 四寸

二九一 李朝染付草花文壺

高 七寸
口徑 四寸

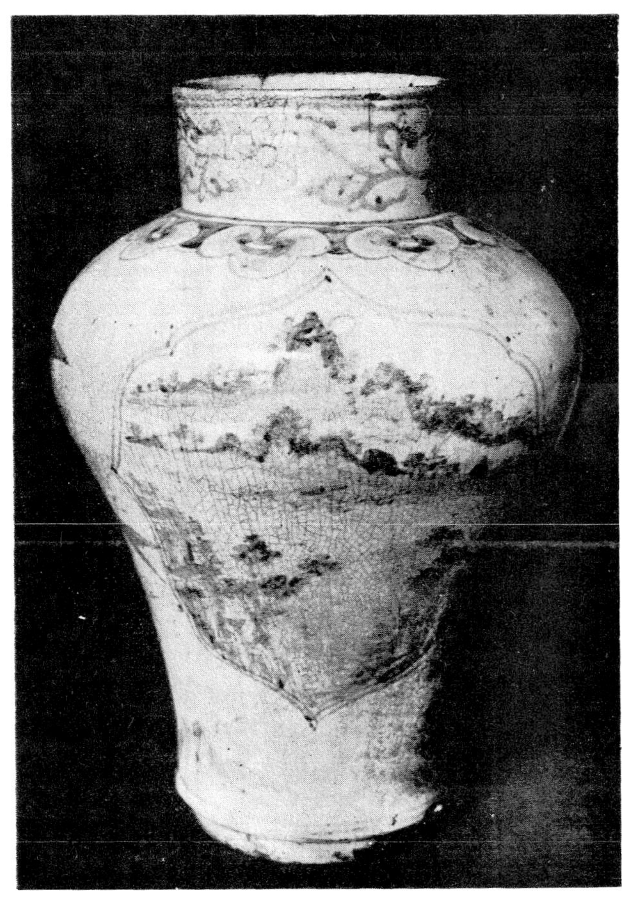

二九二 李朝染付山水文壺

高 一尺三寸
口徑 四寸四分

二九三 李朝染付十長生文壺

高 九寸四分
口徑 四寸二分

二九四 李朝染付鉢

高 三寸二分
口徑 七寸

二九六 李朝染付牡丹文瓶

高 九寸五分
口徑 一寸四分

二九五 染付角壺

高 六寸

二九七 李朝染付•草花文壺

高 一尺八分
口徑 四寸五分

二九八 李朝染付辰砂入草花文壺

高 一尺四分
口徑 四寸八分

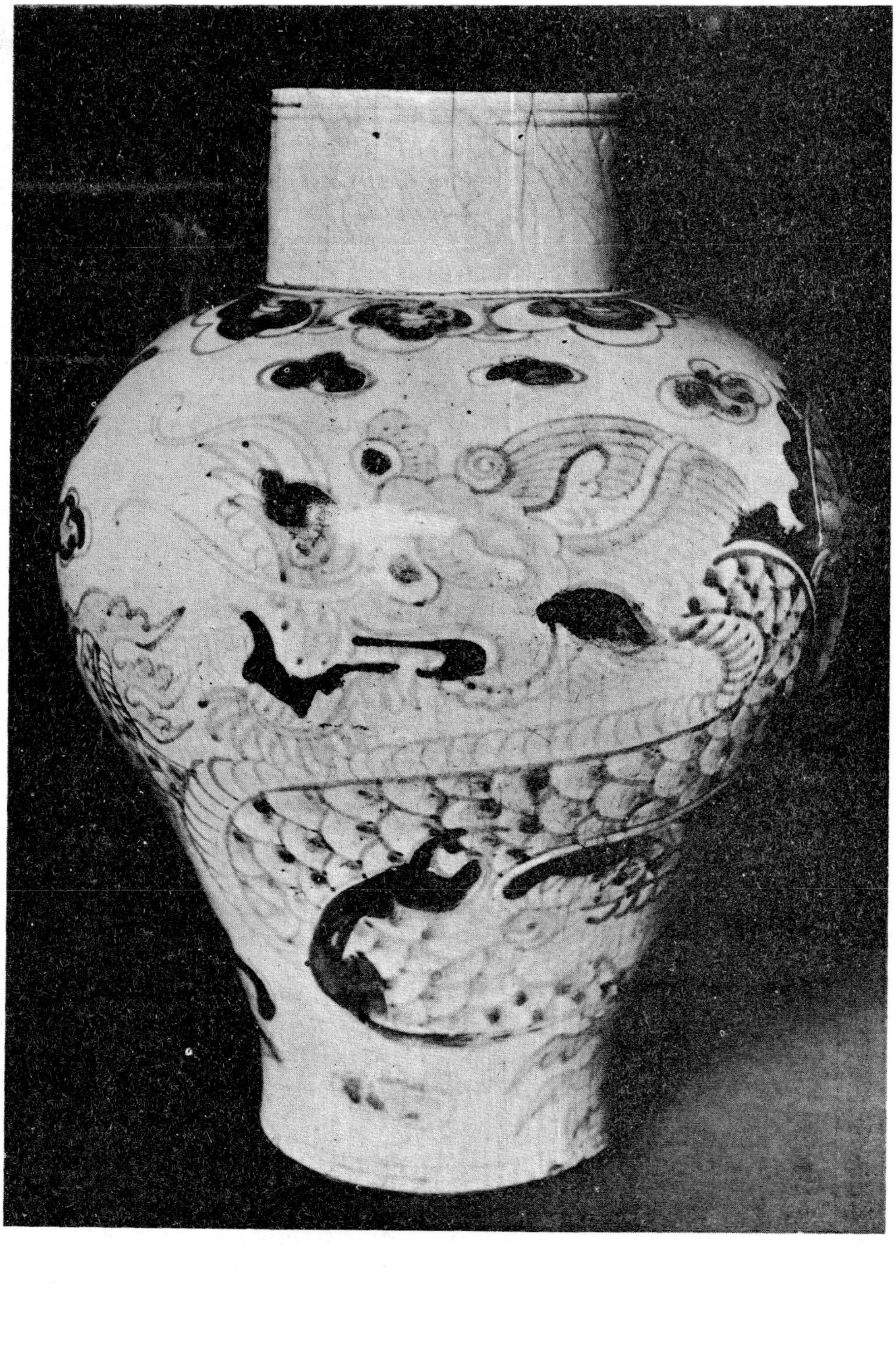

二九 李朝染付辰砂入雲龍文大壺

高一尺六寸
口徑四寸八分

三〇〇 李朝染付辰砂入鳳凰文壺

高 八寸
口徑 三寸八分

三〇二 李朝染付辰砂入壺 高 五寸八分 口徑 四寸

三〇一 李朝辰砂蓋附小壺 高 二寸九分 口徑 一寸九分

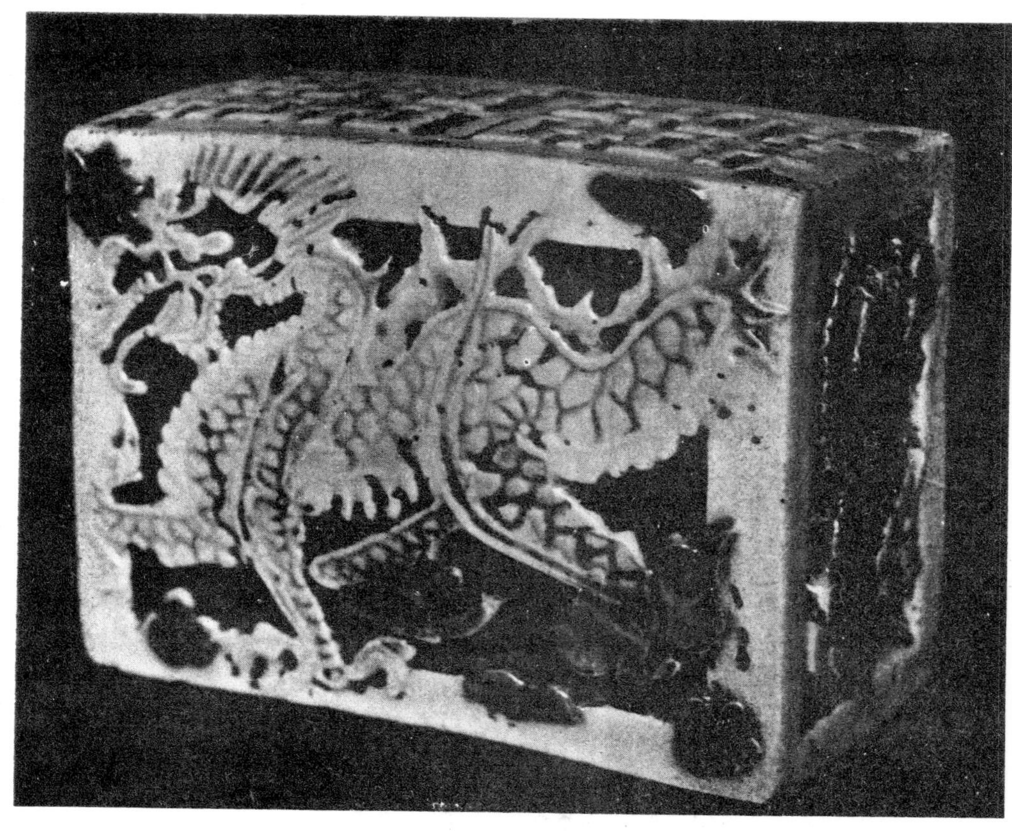

三〇三 李朝染付辰砂入雲龍文透彫枕 高 三寸五分 長 四寸五分 巾 二寸四分

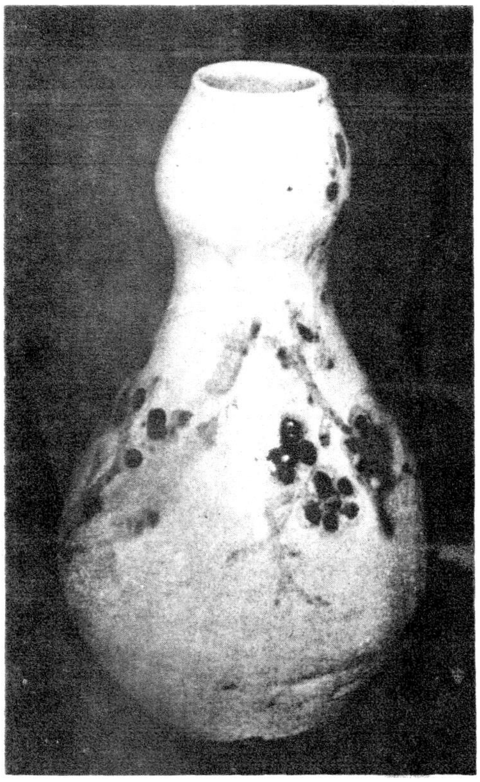

三〇四 李朝染付辰砂入瓢形瓶

高 八寸三分
口徑 一寸三分

三〇五 李朝染付辰砂入牡丹文八角瓶

高 一尺二寸八分
口徑 一寸六分

三〇六 李朝染付辰砂入雲龍文壺

高 八寸
口徑 三寸二分

三〇七 李朝辰砂草花文壺

高 八寸二分
口徑 四寸

三〇八 李朝辰砂草花文壺

高 五寸八分
口徑 三寸

三〇九 李朝辰砂草花文壺

高 六寸二分
口徑 四寸七分

三〇 李朝辰砂八角壺 高六寸五分

三一 李朝鐵砂龍文壺 高九寸四分 口徑五寸二分

三二 李朝鐵砂龍文壺

高 一尺
口徑 五寸五分

三三 李朝鐵砂龍文壺

高 九寸五分
口徑 五寸六分

三一四 李朝鐵砂小壺

高 二寸

三一五 李朝鐵砂小壺

高 二寸

三一六 李朝鐵砂草花文壺

高 一尺八寸五分
口徑 五寸四六

三七 李朝鐵砂壺

高 六寸
口徑 四寸

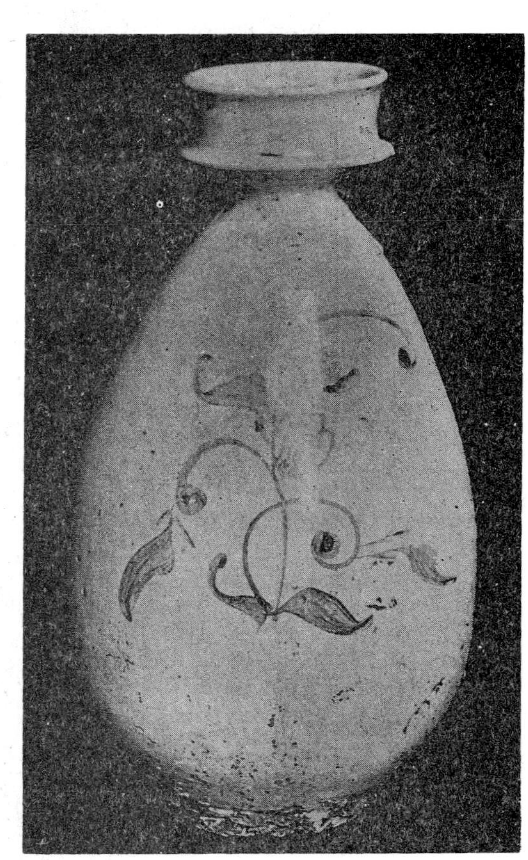

三八 李朝鐵砂油德利

高 九寸五分
口徑 二寸五分

三九 李朝鐵砂壺

高 一尺六分
口徑 三寸五分

三〇 李朝鐵砂煙草入

高 四寸
徑 四寸七分

三一 李朝鐵砂鉢

徑 六寸八分

三二 李朝鐵砂龍文壺

高 一尺八寸
口徑 五寸六分

三二四 李朝分院辰砂鳥文壺 高 六寸一分 口徑 四寸

三二三 李朝分院辰砂八角壺 高 四寸五分 口徑 二寸六分

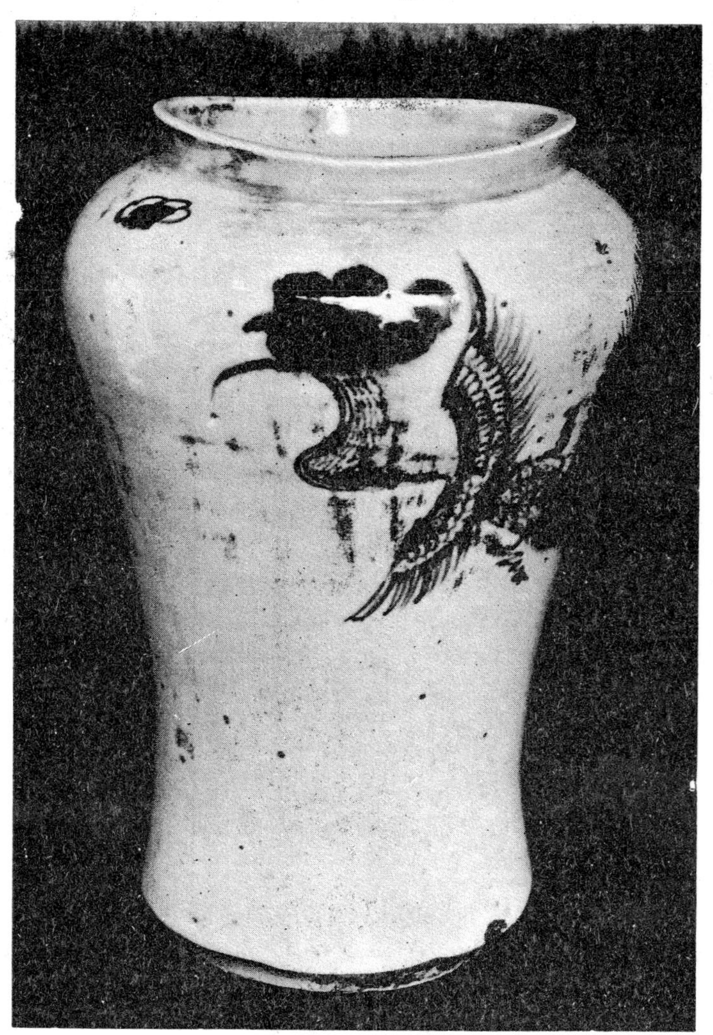

三二五 李朝分院鐵砂壺 高 一尺 口徑 四寸五分

三六 會寧片耳付鉢 高 二寸二分 口徑 三寸

三七 會寧海鼠釉耳付壺 高 二寸五分

三八 會寧小壺 高 二寸三分

三九 會寧兩耳付壺 高 四寸

三〇 染付水滴

(ㄱ) 三一 染付水滴

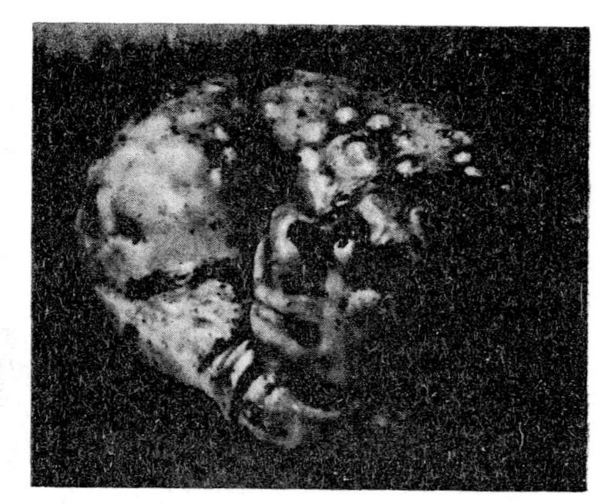

三二 琉璃釉水滴

三三 染付水滴

三四 染付水滴

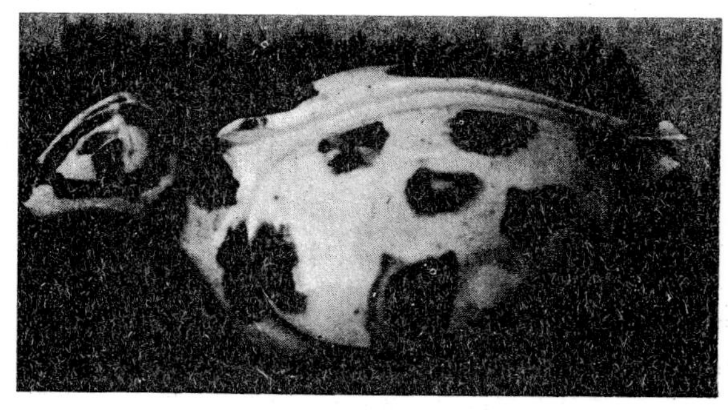

三五 鐵砂鳥形水滴

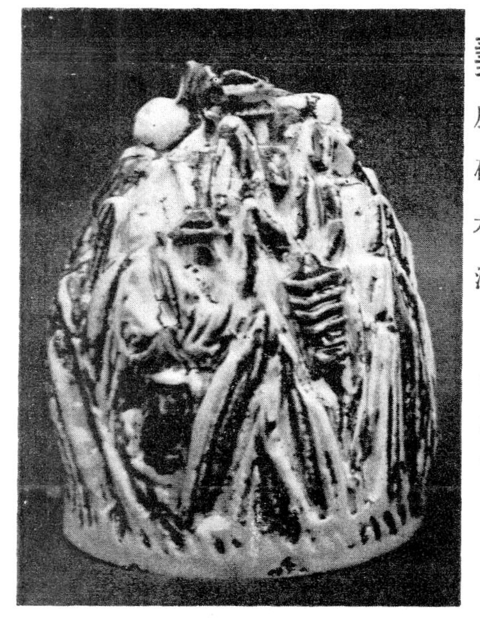

二三九 辰砂水滴 高五寸

二四〇 辰砂環形水滴 高一寸三分 巾二寸六分

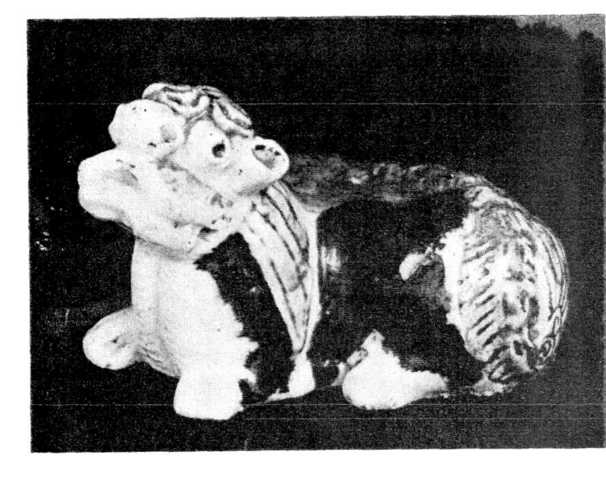

二三七 辰砂海駝水滴 高二寸五分

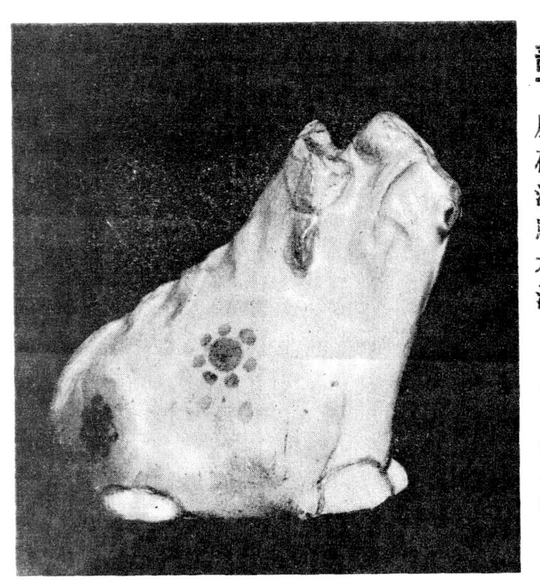

二四一 辰砂海駝水滴 高三寸七分

二三八 辰砂水滴 高二寸六分 巾四寸二分

二三六 辰砂海駝水滴 高二寸

三四二 刺繡風俗圖十帖屛風

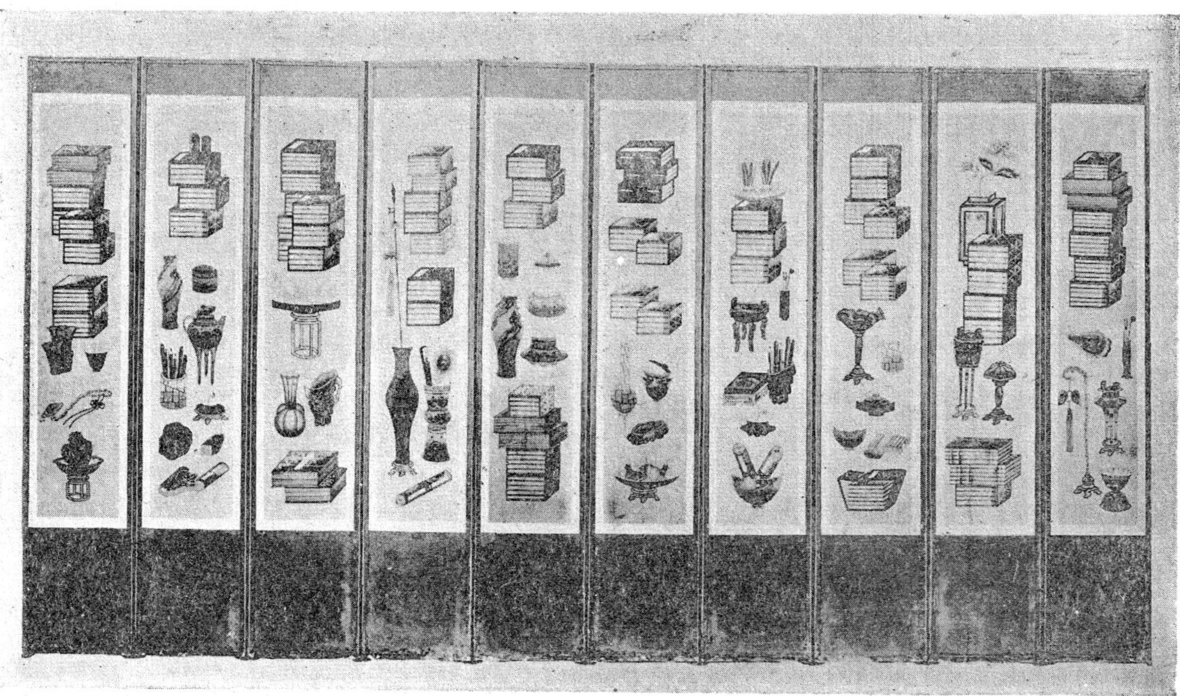

三四三 文房具圖屛風

高 五尺九寸五分

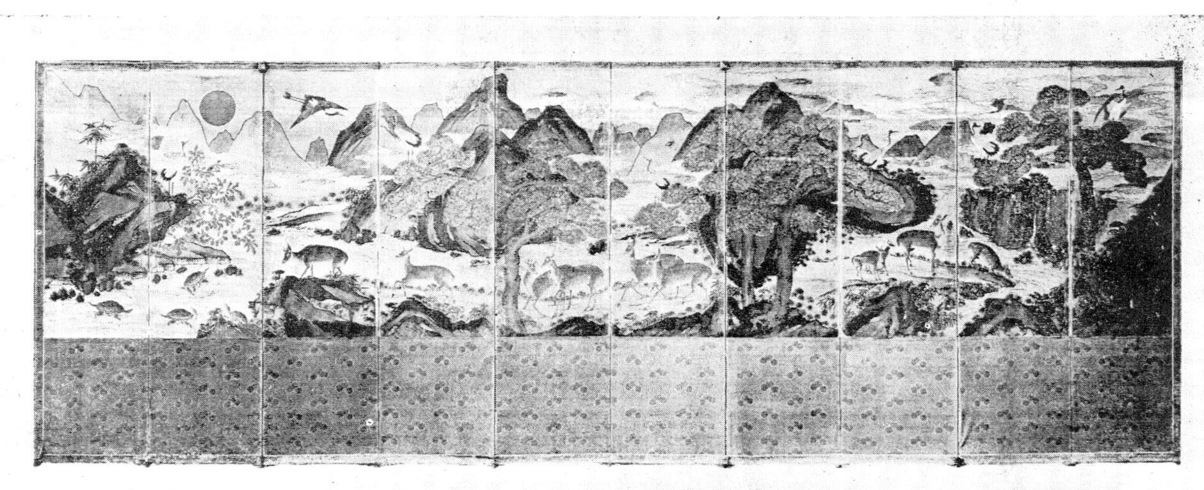

三四 十長生圖屏風

高 五尺五寸
巾 七尺七寸

三五 青貝簞笥

高 三尺
行 一尺三寸
巾 二尺三寸

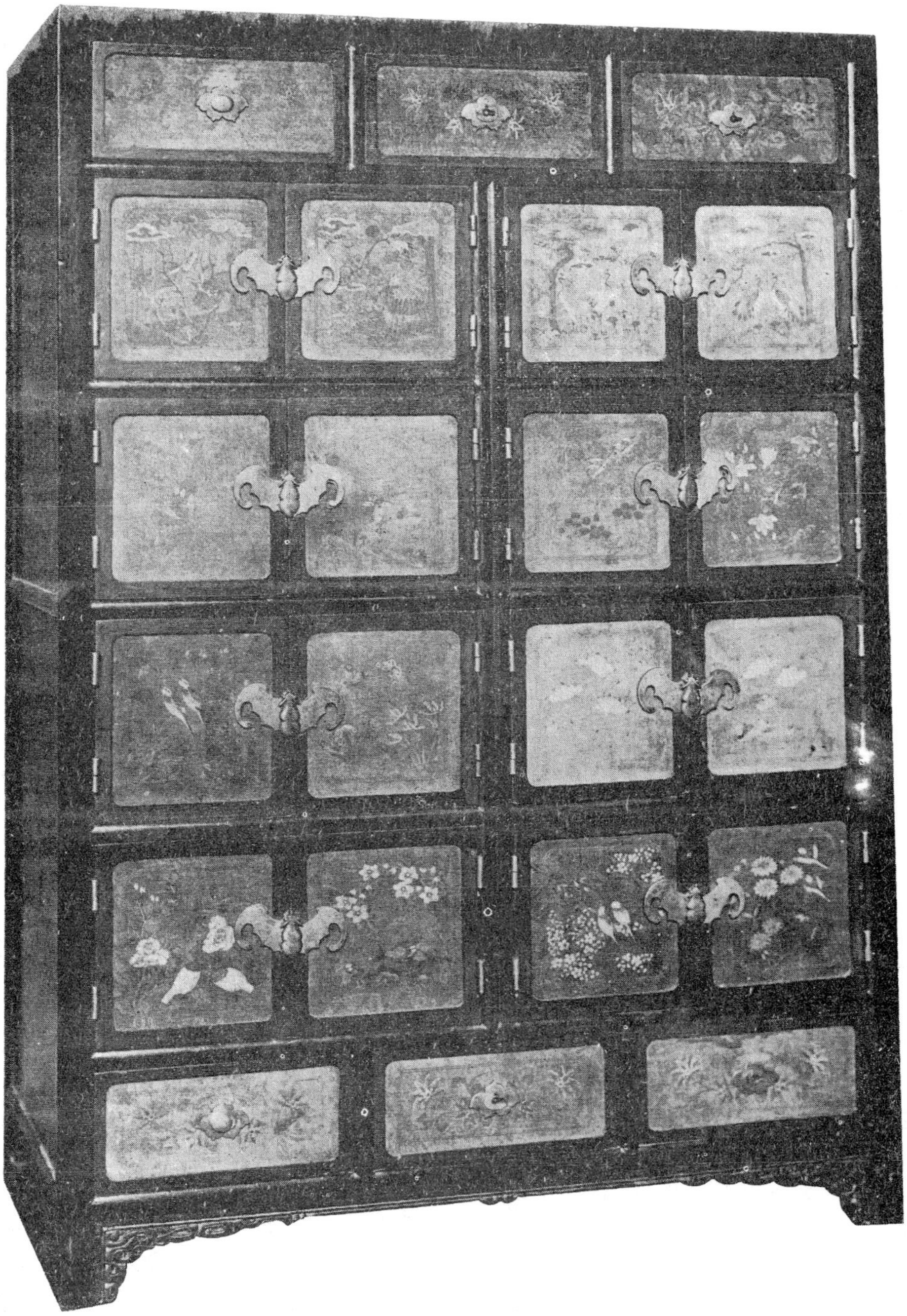

三六 朱塗花鳥繪小簞笥

高 二尺二寸二分
奥行 八寸
巾 一尺五寸

三七 黑漆青貝手箱

高 三寸
奥行 一尺
巾 一尺三寸二分

二三八 青貝亂筥

高 八寸六分
奥行 八寸六分
巾 一尺七寸二分

二三九 青貝二重簞笥

高 三尺
奥行 一尺二寸五分
巾 二尺五分

三五〇 黑漆青貝亂箱

高 五寸
奥行 一尺四寸七分
巾 二尺五寸五分

三五一 黑漆青貝

高 五尺八分

一五二 黑漆青貝簞笥

高 三尺八寸六分
奥行 一尺四寸二分
巾 三尺五寸

三五三 鮫皮象嵌置棚

高 二尺八寸
奥行 一尺七分
巾 一尺九寸七分

三五四 鼈甲象嵌置棚

高 二尺八寸
奥行 一尺七分
巾 一尺九寸七分

三五五 李朝鼈甲象嵌

高 一尺一寸一分
奥行 二尺三寸
巾 三尺二寸九分

三五六 綢代張箪笥

高 三尺四寸
奥行 一尺三寸
巾 二尺八寸

二五七 朱塗竹網簞笥

高 四尺五寸六分
奥行 一尺五寸
巾 二尺九寸

二三八 鮫皮枕文庫

高 三寸五分
巾 二尺一寸九分

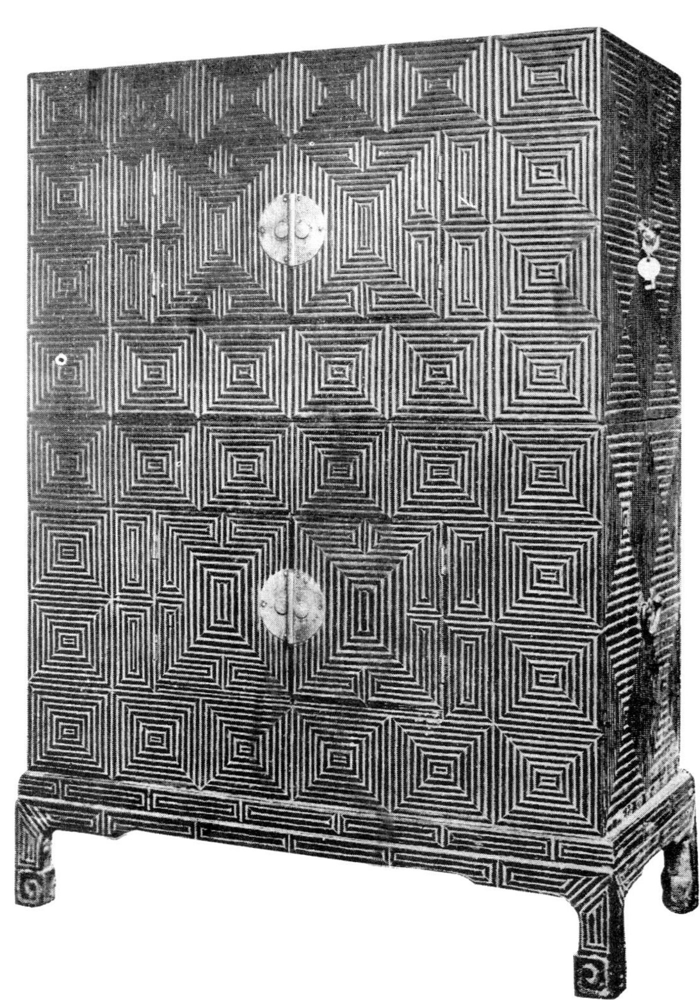

二三九 總竹張簞笥

高 三尺七寸
奥行 一尺三寸三分
巾 二尺四寸五分

三六〇 黃楊木張附十二角卓子

高 二尺二寸三分
徑 二尺二寸五分

三六一 欅製金庫

高 四尺二寸二分
奥行 一尺六分
巾 二尺二寸七分

三六二 額 高九寸一分 巾二尺九寸一分

三六三 額 高九寸八分 巾二尺六寸八分

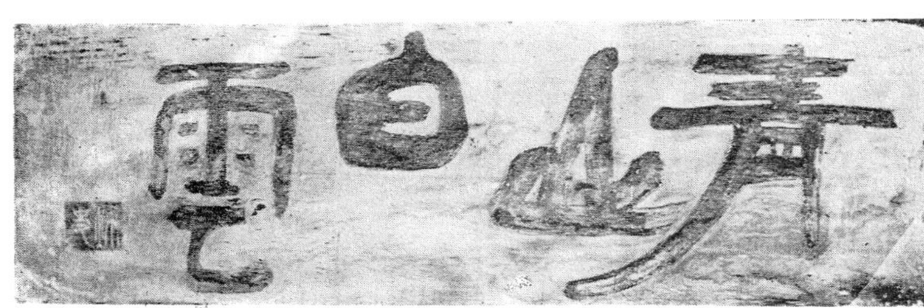

三六四 額 高八寸 巾二尺四寸五分

三六五 丸形膳 高一尺一寸五分 徑二尺四寸五分

三六六 槐木四方棚

高 四尺六寸七分
巾 一尺二寸八分

三六七 素木棚

高 一尺七寸五分
奥行 八寸五分
巾 三尺四寸一分

三八 竹張付桐棚

高 四尺五寸
奥行 一尺二寸八分
巾 二尺四寸五分

三六九 古代五重石塔

高一丈

三七〇 古代石燈籠

高七尺
笠巾二尺四寸五分

一一一 古代石燈籠

高 五尺七寸
笠巾 二尺五寸

三七二 石燈籠

高六尺三寸
笠巾二尺三寸

三七三 石燈籠

高 六尺五寸
笠巾 二尺四寸

三〇四 石燈籠

高六尺二寸
笠巾二尺二寸

三七五 石燈籠

高 四尺三寸
笠巾 一尺七寸

三七六 石燈籠

高 五尺五寸
笠巾 二尺六寸

三七　石燈籠

高　四尺一寸
笠巾　九寸

三八　石燈籠

高　四尺七寸
笠巾　二尺

三七九 石燈籠（李朝）

高 七尺三寸
笠巾 二尺二寸

三八〇 羊石一對

高 二尺九寸
長 四[illegible]尺

三八一 手洗石

高 一尺五寸
長 三尺
巾 一尺九寸

三八二 臺石

高 一尺七寸
長 三尺四寸
巾 二尺一寸

三八三 望斗石一對

高七尺七寸

目　錄

四〇一　樂浪　鏡
四〇二　樂浪出土　白銅鏡
四〇三　同　鏡（破片）
四〇四　同　同（破片）
四〇五　同　銅筒生花
四〇六　同　土器
四〇七　同　石斥
四〇八　同　同
四〇九　同　同
四一〇　同　石簇
四一一　同　坩堝
四一六　同　玻璃（靑玉）
四一七　同　同（同）
四一八　同　同（同）
四一九　同　瑪瑙
四二〇　同　玻璃（赤色）三個一連
四二一　同　同（紫色）同
四二二　同　同（水青）同
四二三　同　同（紫色）五個一連
四二四　同　同（同）三個一連
四二五　同　同（白色管玉）三個一連
四二六　同　同（薄紫色管玉）四個一連
四二七　同　瑪瑙（管玉）
四二八　同　玻璃（茶玉）
四二九　同　同（茶、白）三個一連

四三〇　樂浪出土　玻璃（水青）三個一連
四三一　同　同（同）同
四三二　同　瑪瑙
四三三　同　玻璃（青、紫）三個一連
四三四　同　同（紫色）同
四三五　同　同（青色）
四三六　同　瑪瑙
四三七　同　玻璃（紫色）三個一連
四三八　同　同（同）同
四三九　同　瑪瑙
四四〇　同　玻璃（空色）
四四一　同　瑪瑙
四四二　同　玻璃（水色）
四四三　同　陶玉
四四四　同　玻璃（水色）
四四五　同　同（同）
四四六　同　同（茶色）
四四七　同　同（空色）
四四八　同　瑪瑙
四四九　同　玻璃（紫色）五個一連
四五〇　同　同（空色）
四五一　同　瑪瑙　二個一連
四五二　同　玻璃（草色）同
四五三　同　同（同）
四五四　同　同（各種）四個一連

四五五　樂浪出土　同
四五六　同　同（空色）　三個一連
四五七　同　瑪瑙
四五八　同　玻璃（赤色）
四五九　同　同（青色）
四六〇　同　同（赤色）
四六一　同　水晶（切子）
四六二　同　玻璃（彩色管）
四六三　同　同（青色）
四六四　同　同（各色）　四個一連
四六五　同　同（同）　同
四六六　同　同（同）　同
四六七　同　同（青玉）
四六八　同　瑪瑙
四六九　同　同
四七〇　同　玻璃（各色）　四個一連
四七一　同　同（同）　同
四七二　同　瑪瑙
四七三　同　玻璃（青玉）
四七四　同　同（各色）　四個一連
四七五　同　同（同）　同
四七六　同　同（同）　同
四七七　同　同（茶玉）
四七八　同　同　生歯（玉）
四七九　同　玻璃（各色）
四八〇　同　同（同）　三個一連
四八一　同　陶　玉
四八二　同　同
四八三　同　玻璃（各色）

四八四　樂浪出土　玻璃（各色）　四個一連
四八五　同　同（紫木葉型）
四八六　同　同（同）
四八七　同　同（同）
四八八　同　同（各色）　三個一連
四八九　同　同（同）　四個一連
四九〇　同　同（四）　同
四九一　同　同（同）　同
四九二　同　同（同）　同
四九三　同　同（同）　同
四九四　同　同（青色）　二個一連
四九五　同　水晶（切子）
四九六　同　玻璃（青玉）
四九七　同　同（褐色）
四九八　同　同（青色）
四九九　同　瑪　瑙
五〇〇　同　同
五〇一　同　玻璃（青色）
五〇二　同　同（同）
五〇三　同　水晶（切子）
五〇四　同　玻璃（褐色大玉）
五〇五　同　同（茶玉）
五〇六　同　陶　尖
五〇七　同　砥　石
五〇八　同　陶　玉
五〇九　同　陶　尖
五一〇　同　砡
五一一　同　砡　栓
五一二　同　銀腕輪

五一三 樂浪出土 純銀口栓
五一四 同 砡栓
五一五 同 鍍金像
五一六 同 砡栓
五一七 同 同
五一八 同 同
五一九 同 石斥
五二〇 同 石簇
五二一 同 砥石
五二二 同 同
五二三 高勾麗 素燒土管
五二四 同 瓦當
五二五 新羅 素燒坩
五二六 同 素燒壺小
五二七 同 素燒小瓶
五二八 同 取手付瓶
五二九 同 壺
五三〇 同 同
五三一 同 高付壺
五三二 同 長壺
五三三 同 長口丸壺
五三四 同 長口大壺
五三五 同 高付大鉢
五三六 同 銅水盞瓶
五三七 朝鮮古代 玻璃（水色）
五三八 同 同（茶色）
五三九 同 同（水色）
五四〇 同 同（黄色）
五四一 同 同（茶色）

五四二 朝鮮古代 玻璃（青色）
五四三 同 同（同）
五四四 同 同（黄色）
五四五 同 同（茶色）
五四六 同 同（青色）
五四七 同 同（同）
五四八 同 同（茶色）
五四九 同 同（緑色）
五五〇 同 同（青色）
五五一 同 同（黄色）
五五二 同 同（茶色）
五五三 同 同（青色）
五五四 同 同（同）
五五五 同 同（黄色）
五五六 同 同（茶色）
五五七 同 同（緑色）
五五八 同 同（青色）
五五九 同 同（同）
五六〇 同 同（同）
五六一 同 同（茶色）
五六二 同 同（黄色）
五六三 同 同（青色）
五六四 同 同（同）
五六五 同 同（茶色）
五六六 同 同（黄色）
五六七 同 同（青色）
五六八 同 同（茶色）
五六九 同 同（青色）
五七〇 同 同（青色）

五七三 朝鮮古代 玻璃（青色）
五七四 同 同（茶色）
五七五 同 同（黄色）
五七六 同 同（青色）
五七七 同 同（同）
五七八 同 同（茶色）
五七九 同 同（黄色）
五八〇 同 同（青色）
五八一 同 同（茶色）
五八二 同 同（青色）
五八三 同 同（同）
五八四 同 同（茶色）
五八五 同 同（青色）
五八六 同 同（同）
五八七 同 同（茶色）
五八八 同 同（青色）
五八九 同 同（同）
五九〇 同 同（茶色）
五九一 同 水晶
五九二 同 玻璃（青色）
五九三 同 同（同）
五九四 同 同（茶色）
五九五 同 同（青色）
五九六 同 同（同）
五九七 同 同（黄色）
五九八 同 同（茶色）
五九九 同 同（青色）
六〇〇 同 同（同）
六〇一 同 同（黄色）

六〇二 朝鮮古代 玻璃（茶色）
六〇三 同 同（青色）
六〇四 同 同（同）
六〇五 同 同（同）
六〇六 同 同（茶色）
六〇七 同 同（黄色）
六〇八 同 同（青色）
六〇九 同 同（同）
六一〇 同 同（茶色）
六一一 同 同（黄色）
六一二 同 同（青色）
六一三 同 同（同）
六一四 同 同（茶色）
六一五 同 同（青色）
六一六 同 同（同）
六一七 同 同（茶色）
六一八 同 同（黄色）
六一九 同 同（青色）
六二〇 同 同（同）
六二一 同 同（茶色）
六二二 同 同（青色）
六二三 同 同（同）
六二四 同 同（茶色）
六二五 同 同（青色）
六二六 同 同（同）
六二七 高麗 白磁香盒
六二八 同 青磁香盒
六二九 同 鐵小鈴
六三〇 同 刷毛目三島碗

六三一 高麗 刷毛目三島碗
六三二 同 青磁雲鶴鉢
六三三 同 同
六三四 同 陰刻耳付花瓶
六三五 同 青銅水指
六三六 同 青磁象嵌德利
六三七 同 同 陰刻水指
六三八 井戸 德利
六三九 高麗 雲鶴茶碗
六四〇 同 龍象嵌德利
六四一 同 銅座佛
六四二 同 鍍金座佛
六四三 同 金箔押座佛
六四四 同 木彫觀世音像
六四八 李朝 鍍金立像
六四九 同 座佛
六五〇 同 立像
六五一 同 鍍金座像
六五二 同 ハント
六五三 同 白磁片口水指
六五四 同 會寧鉢
六五五 同 同 大鉢
六五六 同 天目扁壺
六五七 同 鐵砂浮彫筆筒
六五八 同 古唐津茶碗
六五九 同 天目茶碗
六六〇 同 鐵砂入茶入
六六一 同 白磁大壺
六六二 同 辰砂入龍壺

六六三 李朝 鐵砂壺
六六四 同 染付牡丹文壺
六六五 同 白磁犬形水滴
六六七 龞甲象嵌茶棚
六六八 同 亂箱
六六九 同 机
六七〇 同 机
六七一 朱漆手箱
六七二 紅漆四方棚
六七三 槐木四方棚
六七四 丸型御膳

韓支交易時代

至 六七八 自 七二八 支那ヨリ韓朝傳來品（五〇點）

七五六 刷毛三島花瓶
七五七 高麗 青磁小德利
七五八 白高麗 香盒
七五九 同 同
七六〇 同 同
七六一 高麗 伊羅保水盤
七六二 同 三島德利
七六三 同 青磁柳陰刻德利
七六四 同 魚模樣入茶碗
七六五 同 同 菓子鉢
七六六 同 陰刻菓子鉢
七六七 同 同
七六八 同 同 魚模樣入菓子鉢
七六九 同 同

七七〇 白高麗 茶碗
七七一 高麗 青磁草浮刻小茶碗
七七二 御引 茶碗
七七三 高麗 青磁草浮彫小茶碗
七七四 同 キヌタ青磁雲鶴浮彫茶碗
七七五 暦手ドンブリ
七七六 高麗 青磁鐵砲口德利
七七七 同 同 花鳥象嵌香盒
七七八 同 同 牡丹象嵌香盒
七七九 同 同
七八〇 同 キヌタ青磁香爐
七八一 御引蓋付ドンブリ
七八二 高麗 青磁陰刻馬上杯香爐
七八三 同 象嵌馬上杯
七八四 刷毛三島一輪德利
七八五 同 德利
七八六 高麗 青磁菊象嵌ドンブリ
七八七 武安刷毛目ドンブリ
七八八 鷄龍山人[illegible]葉茶碗
七八九 同 茶碗
七九〇 高麗 キヌタ青磁菊象嵌ドンブリ
七九一 花三島ドンブリ
七九二 鷄龍山ドンブリ
七九三 花三島ドンブリ
七九四 高麗 キヌタ青磁陰刻魚茶碗
七九五 同 菊象嵌ドンブリ
七九六 同 青磁水指
七九七 同 象嵌德利
七九八 同 青磁爵

高麗

八〇〇 高麗 陰刻三島玄武水滴
八〇一 同 青磁雲鶴香合
八〇二 同 同 菊象嵌香盒
八〇三 同 天目香爐
八〇四 同 青磁一輪池
八〇五 同 同 陰刻香盒
八〇六 同 同 香爐
八〇七 同 天目鉢
八〇八 繪高麗 小德利
八〇九 高麗 青磁象嵌香爐
八一〇 同 同 雲鶴象嵌香合
八一一 同 同 水指
八一二 白高麗 茶碗
八一三 高麗 青磁水指
八一四 同 飴天目茶壺
八一五 同 蜂花象嵌松形盒
八一六 同 青磁唐草象嵌瓢形水指
八一七 同 同 菊象嵌香盒
八一八 同 刷毛目三島茶碗
八一九 同 同
八二〇 同 同 御本入茶碗
八二一 同 同 鉢
八二二 同 同 三島鉢
八二三 高麗 刷毛目三島茶碗
八二四 同 同 三島水滴
八二五 同 同 茶碗
八二六 同 同

八二七　同　同　高付茶碗
八二八　同　同　茶　碗
八二九　同　三島暦手水指
八三〇　同　刷毛目三島水指
八三一　同　同　三島茶碗
八三二　同　同
八三三　同　同
八三四　同　同
八三五　同　彫三島壺
八三六　鷄龍山　德　利
八三七　高麗　柿天目茶碗
八三八　繪高麗　象嵌枕
八三九　高麗　青磁菊象嵌瓶
八四〇　同　同　牡丹象嵌香盒
八四一　同　同　油　入
八四二　白高麗　香　爐
八四三　高麗　青磁菊象嵌植木鉢
八四四　同　雲鶴油壺
八四五　同　三島象嵌皿
八四六　鷄龍山　壺
八四七　高麗　菊象嵌一輪指
八四八　務安刷毛目茶碗
八四九　鷄龍山　小茶碗
八五〇　繪高麗　花　瓶
八五一　高麗　刷毛目茶碗
八五二　同　青磁雲鶴花瓶
八五三　同　同　菊象嵌皿
八五四　同　天目茶碗
八五五　同　青磁高井戸懸水

八五六　同　象嵌德利
八五七　同　青磁陰刻香盒
八五八　同　雲鶴香盒
八五九　同　青磁香爐
八六〇　繪高麗　油　入
八六一　高麗　青磁小水注
八六二　同　同　茶　碗
八六三　同　同　水　指
八六四　同　同　象嵌鉢
八六五　同　同　三島壺
八六六　同　同　象嵌茶碗
八六七　同　天目茶瀧
八六八　務安　茶　碗
八六九　高麗　青磁茶碗
八七〇　同　同　陰刻菓子鉢
八七一　同　同　雲鶴鉢
八七二　繪高麗　青磁鉢
八七三　高麗　雲鶴畫入鉢
八七四　同　青磁雲鶴鉢
八七五　同　同　菊象嵌小瓶
八七六　同　天目扁壺
八七七　高麗　青磁菊象嵌酒杯
八七八　井戸　茶　碗
八七九　高麗　青磁香爐
八八〇　同　刷毛目小茶碗
八八一　同　象嵌菊花紋德利
八八二　同　天目花瓶
八八三　同　青磁茶碗
八八四　同　同

八八五 同 雲鶴青磁鉢
八八六 同 三島瓶
八八七 同 天目茶碗
八八八 同 刷毛目茶灑
八八九 同 青磁鉢
八九〇 同 花三島茶碗
八九一 鷄龍山 小茶碗
八九二 高麗 白磁茶碗
八九三 同 刷毛目茶碗
八九四 同 同
八九五 同 同 三島酒缸
八九六 同 同 高付茶碗
八九七 同 同、盃
八九八 同 三島香壺
八九九 鷄龍山 茶碗
九〇〇 高麗 三島鉢
九〇一 同 三島德利
九〇二 同 青磁菊象嵌鉢
九〇三 同 天目鐵砂水盞瓶
九〇四 同 青磁一輪池
九〇五 同 同 香爐
九〇六 高麗 青磁壺
九〇七 同 同 雲鶴鉢
九〇八 同 同 菊象嵌皿
九〇九 伊羅保 花瓶
九一〇 高麗 素燒花瓶
九一一 同 飴釉瓶
九一二 同 三島鉢
九一三 同 青磁水指

九一四 同 天目瓶
九一五 同 桔梗形ノ鉢
九一六 繪高麗 香爐
九一七 高麗 三島德利
九一八 同 青磁小茶碗
九二〇 同 刷毛目之壺
九二一 同 同
九二二 同 青磁茶碗
九二三 同 同
九二四 同 刷毛目茶碗
九二五 同 同
九二六 同 青磁茶碗
九二七 同 同
九二八 同 同
九二九 同 青磁陽刻茶碗
九三〇 同 刷毛目茶碗
九三一 同 青磁茶碗
九三二 同 同 皿
九三三 同 同 茶碗
九三四 同 同 同
九三五 同 刷毛目皿
九三六 同 同 茶碗
九三七 同 同 同
九三八 同 青磁茶碗
九三九 同 同 同
九四〇 同 刷毛目小皿
九四一 鷄龍山 刷毛目小皿
九四二 高麗 刷毛目小皿
九四三 同 青磁茶碗

九五一 李朝 天目茶碗
九五二 同 刷毛目小茶碗
九五三 同 同 茶碗
九五四 同 三島鉢
九五五 同 刷毛目皿
九五六 同 同 鉢
九五七 同 青磁水指
九五八 同 三島茶碗
九五九 同 繪入徳利
九六〇 同 刷毛目茶碗
九六一 同 同
九六二 同 天目茶漉
九六三 同 白磁茶碗
九六四 高麗 三島皿
九六五 同 （青磁水盤）
九六六 同 刷毛目大皿
九六七 同 同 茶碗
九六八 同 同 平皿
九六九 同 （象嵌入油入）
九七〇 同 刷毛目小茶碗
九七一 繪高麗 水指
九七二 高麗 天目扁壺
九七三 同 青磁鉢
九七四 同 繪入鉢
九七五 同 菊象嵌入徳利
九七六 同 青磁畫入徳利
九七七 同 同 小茶碗
九七八 同 三島徳利
九七九 同 天目小瓶

九八〇 同 菊象嵌徳利
九八一 同 鏡
九八九 同 繪入香盒
九九〇 同 青磁鉢
九九一 同 同
九九二 同 天目一輪池
九九三 同 青磁鉢
九九四 同 同草花紋鉢
九九五 同 青銅砂張鉢
九九六 同 青磁鉢
九九七 同 同 鉢
九九八 同 同 同
九九九 同 同 茶碗
一〇〇〇 同 同 鉢
一〇〇一 同 同
一〇〇二 同 同
一〇〇三 同 同 彫刻酒瓶
一〇〇四 同 同 徳利
一〇〇五 同 銅水指
一〇〇六 李朝 辰砂鳳壺
一〇〇七 新羅 蓋付香爐
一〇〇八 新羅 香爐
一〇〇九 同 鉢
一〇一〇 同 蓋付香爐
一〇一一 漢鏡
一〇一二 同
一〇一三 高麗 銅製水盤

李朝

一〇四六 李朝 御本手茶碗
一〇四七 同 白磁皿
一〇四八 同 天目龜形瓶
一〇四九 同 山水入角徳利
一〇五〇 同 浮堀筆筒
一〇五一 同 染付角徳利
一〇五二 同 白磁一輪指
一〇五三 同 同 茶碗
一〇五四 同 同 扁壺
一〇五五 同 天目三ヶ付壺
一〇五六 同 染付三ヶ付油壺
一〇五七 同 染付山水饌盒
一〇五八 同 染付獅子入壺
一〇五九 同 同 十長生花瓶
一〇六〇 同 燒染付徳利
一〇六一 同 燒天目角壺
一〇六二 同 染付ドンブリ
一〇六三 同 燒染付ドンブリ
一〇六四 同 白磁壺
一〇六五 同 同 壺
一〇六六 同 白磁徳利
一〇六七 同 染付壺
一〇六八 同 白磁同
一〇六九 同 文字入徳利
一〇七〇 同 染付ドビン
一〇七一 同 青磁大花生

一〇七二 李朝 染付龍紋大花生
一〇七三 同 同 大壺
一〇七四 同 高付皿
一〇七五 同 白磁壺
一〇七六 同 染付大鉢
一〇七七 同 同 ドンブリ
一〇七八 同 白磁壺
一〇七九 同 染付壺
一〇八〇 同 同 蓋付大鉢
一〇八一 同 同 壺
一〇八二 同 白磁水指
一〇八三 同 御本手茶碗
一〇八四 同 天目扁壺
一〇八五 同 白磁徳利
一〇八六 同 鐵砂茶壺
一〇八七 同 總辰砂香爐
一〇八八 同 辰砂八角壺
一〇八九 同 白磁大鉢
一〇九〇 同 同
一〇九一 同 染付ドンブリ
一〇九二 同 同 徳利
一〇九三 同 素燒壺
一〇九四 同 天目壺
一〇九五 同 染付大鉢
一〇九六 同 同 壺
一〇九七 同 同 同
一〇九八 同 同 蓋付ドンブリ
一〇九九 同 天目壺
一一〇〇 同 染付壺

一〇一 李朝 同 蓋付ドンブリ
一〇二 同 同 ドンブリ
一〇三 同 同 皿
一〇四 同 天目壺
一〇五 同 天目四耳付壺
一〇六 同 鐵砂壺
一〇七 同 同
一〇八 同 天目壺
一〇九 同 同
一一〇 同 白磁陰刻酒缸
一一一 同 白磁壺
一一二 同 染付辰砂德利
一一三 同 鐵砂大香爐
一一四 同 白磁大壺
一一五 同 同
一一六 同 鐵砂德利
一一七 同 天目角壺
一一八 同 染付蓋付鉢
一一九 同 壺
一二〇 同 天目壺
一二一 同 染付德利
一二二 同 會寧海鼠釉小壺
一二三 同 同 海鼠小壺
一二四 同 琉璃刷毛目德利
一二五 同 天目壺
一二六 同 同 大壺
一二七 同 白磁ローソク立
一二八 同 染付十長生ノ壺
一二九 同 琉璃德利

一三〇 李朝 會寧茶盞
一三一 同 同 茶碗
一三二 同 同 茶盞
一三三 同 染付山水文字入壺
一三四 同 辰砂鳳紋壺
一三五 同 染付德利
一三六 同 同 壺
一三七 同 同
一三八 同 同
一三九 同 同 片壺
一四〇 同 白磁水指
一四一 同 同 皿
一四二 同 同 小皿
一四三 同 同 皿
一四四 同 天目茶碗
一四五 同 白磁皿
一四六 同 青磁鉢
一四七 同 白磁壺
一四八 同 染付ドンブリ
一四九 同 同 四ケ付壺
一五〇 同 同 鉢
一五一 同 白磁水指
一五二 同 染付小壺
一五三 同 染付小壺
一五四 同 辰砂桃形水滴
一五五 同 染付二ケ付壺
一五六 同 同 角形壺
一五七 同 白磁德利
一五八 同 染付德利

一五九 李朝 琉璃小德利
一六〇 同 同 德利
一六一 同 染付德利
一六二 同 同
一六三 同 白磁壺
一六四 同 染付山水鉢
一六五 同 同 墓碑銘
一六六 同 同 葡萄紋大壺
一六七 同 同 片壺
一六八 同 飴天目蓋付角壺
一六九 同 飴天目蓋付角壺
一七〇 同 天目花生
一七一 同 白磁德利
一七二 同 天目龜形德利
一七三 同 白磁德利
一七四 同 同 鉢
一七五 同 同
一七六 同 琉璃德利
一七七 同 天目口付茶碗
一七八 同 天目龜形瓶
一七九 同 白磁茶碗
一八〇 同 天目大壺
一八一 同 青白磁花生
一八二 同 天目壺
一八三 同 染付角壺
一八四 同 同 小花生
一八五 同 同 角小壺
一八六 同 同 小壺
一八七 同 同 角壺

一八八 李朝 同 小壺
一八九 同 天目德利
一九〇 同 同
一九一 同 白磁小壺
一九二 同 染付油德利
一九三 同 白磁小德利
一九四 同 同 燈油皿
一九五 同 同
一九六 同 天目德利
一九七 同 染付皿
一九八 同 會寧茶碗
一九九 同 同
二〇〇 同 白磁茶碗
二〇一 同 染付皿
二〇二 同 白磁皿
二〇三 同 染付皿
二〇四 同 天目茶碗
二〇五 同 同 德利
二〇六 同 染付角小壺
二〇七 同 天目壺
二〇八 同 分陰辰砂扁壺
二〇九 同 染付德利
二一〇 同 白磁香爐
二一一 同 琉璃陰刻德利
二一二 同 染付角壺
二一三 同 天目德利
二一四 同 同
二一五 同 角形片壺
二一六 同 天目ドビン

一二一七 李朝 同 同
一二一八 同 同 德利
一二一九 同 染付大壺
一二二〇 同 同 德利
一二二一 同 天目德利
一二二二 同 同 鐵砂繪壺
一二二三 同 同 德利
一二二四 同 海鼠天目德利
一二二五 同 染付角鉢
一二二六 同 會寧海鼠天目壺
一二二七 同 天目壺
一二二八 同 同 角壺
一二二九 同 同
一二三〇 同 同 蓋付角壺
一二三一 同 同 德利
一二三二 同 同 角壺
一二三三 同 會寧天目壺
一二三四 同 天目德利
一二三五 同 同 角壺
一二三六 同 同
一二三七 同 同 壺
一二三八 同 同 角壺
一二三九 同 龜形片壺
一二四〇 同 天目角壺
一二四一 同 染付壺
一二四二 同 天目壺
一二四三 同 染付鉢
一二四四 同 同 皿
一二四五 同 同 赤繪入皿

一二四六 李朝 同 大皿
一二四七 同 白磁大皿
一二四八 同 染付大皿
一二四九 同 同 大鉢
一二五〇 同 天目蓋付角壺
一二五一 同 同 角壺
一二五二 同 同 角壺
一二五三 同 同 同
一二五四 同 同 同
一二五五 同 同 壺
一二五六 同 同 同
一二五七 同 同 大壺
一二五八 同 同 壺
一二五九 同 同 蓋付角壺
一二六〇 同 同 同
一二六一 同 同 同
一二六二 同 白磁橫長壺
一二六三 南蠻壺
一二六四 同 天目大扁壺
一二六五 同 同 小德利
一二六六 同 同 角壺
一二六七 同 染付琉璃龜形水滴
一二六八 同 同 皿
一二六九 水盞瓶
一二七〇 李朝 天目壺
一二七一 天目壺
一二七二 李朝 青白磁壺
一二七三 同 天目角壺
一二七四 同 同 同

二七五　李朝　白磁窯變筆立
二七六　同　染付小壺
二七七　同　天目壺
二七八　同　白磁ドビン
二七九　同　同　茶碗
二八〇　同　分院辰砂壺
二八一　同　同
二八二　同　同
二八三　同　同
二八四　同　同
二八五　同　同　筆立
二八六　同　同　壺
二八七　同　同
二八八　同　同
二八九　同　同
二九〇　同　同
二九一　同　同
二九二　同　同
二九三　同　同
二九四　同　同
二九五　同　同
二九六　同　同
二九七　同　同
二九八　同　分院辰砂壺
二九九　同　同
三〇〇　同　同
三〇一　同　同
三〇二　同　同
三〇三　同　同

三〇四　李朝　同
三〇五　同　同
三〇六　同　同
三〇七　同　同
三〇八　同　同
三〇九　同　同
三一〇　同　同
三一一　同　同
三一二　同　同
三一三　同　同
三一四　同　同
三一五　同　同
三一六　同　同
三一七　同　同
三一八　同　同
三一九　同　同
三二〇　同　分院白磁浮彫筆筒
三二一　同　同
三二二　同　分院辰砂壺
三二三　同　同
三二四　同　同
三二五　同　同
三二六　同　同
三二七　同　分院辰砂壺
三二八　同　分院辰砂筆筒
三二九　同　同　八角壺
三三〇　同　同　壺
三三一　同　同
三三二　同　同

一三三三 李朝 同
一三三四 同 同
一三三五 同 同
一三三六 同 同
一三三七 同 同
一三三八 同 同
一三三九 同 分院鐵砂壺
一三四〇 同 同
一三四一 同 同
一三四二 同 同
一三四三 同 同
一三四四 同 同
一三四五 同 同
一三四六 同 同
一三四七 同 同
一三四八 同 同
一三四九 同 同
一三五〇 同 同
一三五一 同 同
一三五二 同 同
一三五三 同 同
一三五四 同 同
一三五五 同 同
一三五六 同 分院辰砂壺
一三五七 同 同
一三五八 同 同
一三五九 同 同
一三六〇 同 分院天目壺
一三六一 同 同

一三六二 李朝 同
一三六三 同 同
一三六四 同 同
一三六五 同 同
一三六六 同 同
一三六七 同 同
一三六八 同 同
一三六九 同 同
一三七〇 同 同
一三七一 同 同
一三七二 同 同
一三七三 同 同
一三七四 同 青白磁壺
一三七五 同 白磁德利
一三七六 同 染付壺
一三七七 同 同 茶碗
一三七八 同 白磁小壺
一三七九 同 同 茶碗
一三八〇 同 染付皿
一三八一 同 同
一三八二 同 白磁德利
一三八三 同 染瓢形德利
一三八四 同 天目角壺
一三八五 同 白磁小壺
一三八六 同 會寧湯呑
一三八七 同 白磁角德利
一三八八 同 同 燈油皿
一三八九 同 海鼠天目湯呑
一三九〇 同 同

一三九一 李朝 染付小壺
一三九二 同 白磁高付皿
一三九三 同 同 德利
一三九四 同 同 燭立
一三九五 同 天目壺
一三九六 同 染付壺
一三九七 同 白磁茶盞
一三九八 同 同 浮彫筆筒
一三九九 同 天目壺
一四〇〇 同 會寧海鼠天目壺
一四〇一 同 分院辰砂壺
一四〇二 同 鐵砂紋茶盞
一四〇三 同 鐵砂大壺
一四〇四 黃伊羅保耳付 大花生
一四〇五 李朝 天目耳付大花生
一四〇六 同 辰砂德利
一四〇七 同 赤繪德利
一四〇八 同 鐵砂紋花生
一四〇九 同 染付虎鳥紋辰砂壺
一四一〇 同 天目角壺
一四一一 同 染付大花生
一四一二 同 白磁芭蕉葉筆筒
一四一三 同 天目三ッ足釜

木竹雜工

一四五一 李朝 竹製筆筒
一四五二 同 竹製筆筒
一四五三 同 木製瓢單

一四五四 李朝 青貝付枕側
一四五五 同 黑漆貝付板
一四五六 同 黑漆貝付糸卷
一四五七 同 貝付枕側
一四五八 同 黑漆貝付糸卷
一四五九 同 黑漆貝付棒
一四六〇 同 竹筆筒
一四六一 同 同
一四六二 同 同
一四六三 同 コヨリ製瓢單
一四六四 同 木製々
一四六五 同 同 餅型
一四六六 同 同 粉水入
一四六七 同 銀象嵌煙草入
一四六八 同 木製瓢單
一四六九 同 同
一四七〇 同 同
一四七一 同 コヨリ製瓢單
一四七二 同 木製龍棒
一四七三 同 黑貝付糸卷
一四七四 同 劒
一四七五 同 同
一四七六 同 花角製棒
一四七七 同 四角御膳
一四七八 同 木製花挿
一四七九 同 丸型御膳
一四八〇 同 銀象嵌煙草入
一四八一 同 朱漆硯箱
一四八二 同 同 丸形御膳

一四八三 李朝 八角木製盆
一四八四 同 丸足八角御膳
一四八五 同 同
一四八六 同 丸形御膳
一四八七 同 朱漆鮫皮製茶盆
一四八八 同 黒漆丸形御膳
一四八九 同 欅製御膳
一四九〇 同 同
一四九一 同 木製蓋付茶器入
一四九二 同 黒漆貝付鏡臺
一四九三 同 木製按枕具
一四九四 同 金具付長手箱
一四九五 同 木製壺
一四九六 同 朱漆小箱
一四九七 同 貝付鏡臺
一四九八 同 四角膳
一四九九 同 朱漆六角花臺
一五〇〇 同 古貝付小箱
一五〇一 同 黒色貝付菓子器
一五〇二 同 古貝付箱
一五〇三 同 黒漆貝付鏡臺
一五〇四 同 四角御膳（中）
一五〇五 同 螺鈿鏡臺
一五〇六 同 黒漆貝付花臺
一五〇七 同 同
一五〇八 同 木製手箱
一五〇九 同 青貝付箱
一五一〇 同 螺鈿二重箱
一五一一 同 青貝付紅漆二層籠

一五一二 李朝 鮫皮二重筆筒
一五一三 同 古貝付二層籠
一五一四 同 鼈甲入二層籠
一五一七 同 古貝付小花臺
一五一八 同 同 中花臺
一五一九 同 木製冠入箱
一五二〇 同 コヨリ製鉢
一五二一 同 木製手箱
一五二二 同 竹製筆筒
一五二三 同 同
一五二四 同 同
一五二五 同 同
一五二六 同 丸形御膳
一五二七 同 槐木製金具付手箱
一五二八 同 同
一五二九 同 同
一五三〇 同 同
一五三一 同 朱漆手箱
一五三二 同 同
一五三三 同 槐木製金具付手箱
一五三四 同 木製引出付硯箱
一五三五 同 丸形御膳
一五三六 同 木製菓子型
一五三七 同 木製菓子型
一五三八 同 竹製六ヶ付筆筒
一五三九 同 槐木小形手箱
一五四〇 同 四角御膳
一五四一 同 朱染手箱
一五四二 同 黒漆貝付花臺

一五四三 李朝 同
一五四四 同 同
一五四五 同 同
一五四六 同 同
一五四七 同 同
一五四八 同 同
一五四九 同 同
一五五〇 同 同
一五五一 同 同
一五五二 同 同
一五五三 同 同
一五五四 同 同
一五五五 同 槐木製金具付手箱
一五五六 同 同
一五五七 同 木製箭筒
一五五八 同 竹製箭筒
一五五九 同 木製同
一五六〇 同 竹製同
一五六一 同 同
一五六二 同 木製額
一五六三 同 同
一五六四 同 同
一五六五 同 同
一五六六 同 木製額
一五六七 同 同
一五六八 同 同
一五六九 同 同
一五七〇 同 同
一五七一 同 同

一五七二 李朝 同
一五七三 同 同
一五七四 同 同
一五七五 同 同
一五七六 同 蓋付紫石硯
一五七七 同 木製花挿
一五七八 同 同 碗
一五七九 同 同 水呑
一五八〇 同 同
一五八一 同 花角製枕側
一五八二 同 同
一五八三 同 同
一五八四 同 同
一五八五 同 同
一五八六 同 貝付枕側
一五八七 同 木製蓋付筒
一五八八 同 小刀
一五八九 同 コヨリ製小碗
一五九〇 同 木製大瓢單
一五九一 同 木製臺付硯箱
一五九二 同 青貝付長箱
一五九三 同 砡文鎮
一五九四 同 砡香入
一五九五 同 砡總彫板石
一五九六 同 同
一五九七 同 同
一五九八 同 同
一五九九 同 同
一六〇〇 同 砡香入

一六〇一 李朝 砡角鍊
一六〇二 同 文鎮大
一六〇三 同 同小
一六〇四 同 煙草入
一六〇五 同 鐵火爐
一六〇六 同 ハント
一六〇七 同 白磁壺
一六〇八 同 朱漆瓢形小瓶
一六〇九 同 同 木製小瓶
一六一〇 同 木製粉入
一六一一 同 天目小瓶
一六一二 同 木製菓子型
一六一三 同 天目壺
一六一四 同 同 茶漉
一六一五 同 染付皿
一六一六 同 朱漆木壺小
一六一七 同 桐製印箱
一六一八 (時代) 石刀
一六一九 同 花挿
一六二一 同 金海茶碗
一六二二 同 香木扇子提ゲ物
一六二三 同 砡帯留
一六二四 同 砡香
一六二五 同 琥珀ボタン
一六二六 同 同
一六二七 同 砡帯留
一六二八 同 同
一六二九 同 同

一六三〇 李朝 同
一六三一 同 同
一六三二 同 黄砡ボタン
一六三三 同 同 砡
一六三四 同 鼈甲髮飾
一六五一 懸板 同
一六五二 同 同
一六五三 同 同
一六五四 同 同
一六五五 同 同
一六五六 同 同
一六五七 同 同
一六五八 同 同
一六五九 同 同
一六六〇 同 同
一六六一 同 同
一六六二 同 同

染付水滴

一六六三 李朝 染付水滴
一六六四 同 同
一六六五 同 同
一六六六 同 同
一六六七 同 同
一六六八 同 染付水滴
一六六九 同 同
一六七〇 同 同
一六七一 同 同
一六七二 同 同
一六七三 同 同

一六七四 李朝 同
一六七五 同 同
一六七六 同 同
一六七七 同 同
一六七八 同 同
一六七九 同 同
一六八〇 同 同
一六八一 同 同
一六八二 同 同
一六八三 同 同
一六八四 同 同
一六八五 同 同
一六八六 同 同
一六八七 同 同
一六八八 同 同
一六八九 同 同
一六九〇 同 同
一六九一 同 同
一六九二 同 同
一六九三 同 同
一六九四 同 同
一六九五 同 同
一六九六 同 同
一六九七 同 染付水滴
一六九八 同 同
一六九九 同 同
一七〇〇 同 同
一七〇一 同 同
一七〇二 同 同

一七〇三 李朝 同
一七〇四 同 同
一七〇五 同 同
一七〇六 同 同
一七〇七 同 同
一七〇八 同 同
一七〇九 同 同
一七一〇 同 同
一七一一 同 同
一七一二 同 同
一七一三 同 同
一七一四 同 同
一七一五 同 同
一七一六 同 同
一七一七 同 同
一七一八 同 同
一七一九 同 同
一七二〇 同 同
一七二一 同 同
一七二二 同 同
一七二三 同 同
一七二四 同 同
一七二五 同 同
一七二六 同 染付水滴
一七二七 同 同
一七二八 同 同
一七二九 同 同
一七三〇 同 同
一七三一 同 同

一七三三 李朝 同
一七三四 同 同
一七三五 同 同
一七三六 同 同
一七三七 同 同
一七三八 同 同
一七三九 同 同
一七四〇 同 同
一七四一 同 同
一七四二 同 同
一七四三 同 同
一七四四 同 同
一七四五 同 同
一七四六 同 同
一七四七 同 同
一七四八 同 同
一七四九 同 同
一七五〇 同 同
一七五一 同 同
一七五二 同 同
一七五三 同 同
一七五四 同 同
一七五五 同 染付水滴
一七五六 同 同
一七五七 同 同
一七五八 同 同
一七五九 同 同
一七六〇 同 同

一七六一 李朝 同
一七六二 同 同
一七六三 同 同
一七六四 同 同
一七六五 同 同
一七六六 同 同
一七六七 同 同
一七六八 同 同

白磁水滴

一七六九 李朝 白磁水滴
一七七〇 同 同
一七七一 同 同
一七七二 同 同
一七七三 同 同
一七七四 同 同
一七七五 同 同
一七七六 同 同
一七七七 同 同
一七七八 同 同
一七七九 同 同
一七八〇 同 同
一七八一 同 同
一七八二 同 同
一七八三 同 白磁水滴
一七八四 同 同
一七八五 同 同
一七八六 同 同
一七八七 同 同
一七八八 同 同

一七八九 同 同

琉璃魚形水滴

一七九〇 李朝 琉璃魚形水滴
一七九一 同 同
一七九二 同 同
一七九三 同 同
一七九四 同 同
一七九五 同 同
一七九六 同 同
一七九七 同 同
一七九八 同 同
一七九九 同 同
一八〇〇 同 同
一八〇一 同 同
一八〇二 同 同
一八〇三 同 同
一八〇四 同 同

琉璃扇子形水滴

一八〇五 李朝 琉璃扇子形水滴
一八〇六 同 同
一八〇七 同 同
一八〇八 同 同 浮彫水滴
一八〇九 同 同 四角水滴
一八一〇 同 琉璃四角水滴
一八一一 同 同 水滴
一八一二 同 同
一八一三 同 同
一八一四 同 同 獅子形水滴
一八一五 同 同

一八一六 李朝 同
一八一七 同 同 龜形水滴
一八一八 同 同 龍形水滴
一八一九 同 同
一八二〇 同 鐵砂金剛山形水滴
一八二一 同 同
一八二二 同 辰砂四角水滴
一八二三 同 同
一八二四 同 同
一八二五 同 同 獅子形水滴
一八二六 同 鐵砂 同 壺
一八二七 同 同 籠 壺
一八二八 同 同
一八二九 同 同
一八三〇 同 同
一八三一 同 同
一八三二 同 同
一八三三 同 同 草花紋壺
一八三四 同 同 龍 壺
一八三五 同 同
一八三六 同 同 草花紋壺
一八三七 同 同
一八三八 同 同 香 爐
一八三九 同 鐵砂文字入壺
一八四〇 同 同 染付草文壺
一八四一 同 染付牡丹入壺
一八四二 同 同
一八四三 同 同 十長生壺
一八四四 同 同 文字入壺

一八四五 李朝 同

一八四六 同 同 草花紋壺

一八四七 同 同 花鳥入壺

一八四八 同 同

一八四九 同 同 草花入壺

一八五〇 同 同 鐵砂牡丹紋壺

一八五一 同 同 草花紋壺

一八五二 同 同 葡萄壺

一八五三 同 同

一八五四 同 同 鳳壺

一八五五 同 同

一八五六 同 同

一八五七 同 同

一八五八 同 同 龍壺

一八五九 同 同

白磁

一八六〇 李朝 白磁壺

一八六一 同 同

一八六二 同 同

一八六三 同 同

一八六四 同 同

一八六五 同 同

一八六六 同 同

一八六七 同 白磁壺

一八六八 同 同

一八六九 同 同

一八七〇 同 同

一八七一 同 同 浮彫植木鉢

一八七二 同 同 草花彫壺

一八七三 同 同 三耳付大壺

染付

一八七四 李朝 染付竹鳥入壺

一八七五 同 同 龍壺

一八七六 同 同 鳳壺

一八七七 同 同 草花紋壺

一八七八 同 同

一八七九 同 同

一八八〇 同 同

一八八一 同 同

一八八二 同 同

一八八三 同 同 小德利

一八八四 同 同

一八八五 同 同 草紋德利

一八八六 同 同 梅鳥德利

一八八七 同 同 草紋德利

一八八八 同 同

一八八九 同 同

一八九〇 同 同

一八九一 同 同 德利

一八九二 同 同

一八九三 同 同

一八九四 同 同

一八九五 同 染付德利

一八九六 同 同

一八九七 同 同

一八九八 同 同

一八九九 同 同

一九〇〇 同 同

一九〇一 李朝 同
一九〇二 同 同
一九〇三 同 同
一九〇四 同 同 小壺
一九〇五 同 同
一九〇六 同 同
一九〇七 同 同
一九〇八 同 同 筆筒
一九〇九 同 同
一九一〇 同 同
一九一一 同 同 水指
一九一二 同 同 皿
一九一三 同 同
一九一四 同 同
一九一五 同 同
一九一六 同 同
一九一七 同 同
一九一八 同 同
一九一九 同 同 枕側 一對
一九二〇 同 同 鐵砂扁壺
一九二一 同 白磁扁壺
一九二二 同 同 八角德利
一九二三 同 白磁德利
一九二四 同 同
一九二五 同 同
一九二六 同 同
一九二七 同 同
一九二八 同 同
一九二九 同 ヌリ德利

一九三〇 李朝 同
一九三一 同 同
一九三二 同 白磁蓋付小壺
一九三三 同 同 ドンブリ
一九三四 同 同
一九三五 同 同
一九三六 同 同
一九三七 同 同 烟管
一九三八 同 同 蓋付小壺
一九三九 同 同 茶碗
一九四〇 同 ナマコ壺
一九四一 同 同
一九四二 同 同
一九四三 同 同 德利
一九四四 同 天目壺
一九四五 同 會寧壺
一九四六 同 同
一九四七 同 同 茶碗
一九四八 同 同
一九四九 同 染付八角德利
一九五〇 同 同 草花文壺
一九五一 同 白磁壺
一九五二 同 總鐵砂壺
一九五三 同 染付四角茶入
一九五四 同 白磁葡萄浮彫德利
一九五五 同 染付花鳥德利
一九五六 同 天目扁壺
一九五七 同 ナマコ同
一九五八 同 白磁香爐

一九五九 同 木製鴨形枕
一九六〇 同 同 龜形火藥入
自一九六一 至二〇五二 非賣品
自二〇五三 至二一五三 朝鮮古代硝子類 非賣

石物

一 朝鮮古代四角石燈籠
二 同 同
三 同 同
四 同 同
五 同 同
六 同 同
七 同 同 中
八 同 同 中
九 同 同 小
一〇 同 八角石燈籠 小
一一 同 望斗石
一二 同 洋石
一三 同 塔石
一四 同 同
一五 同 石手洗鉢
一六 同 同
一七 同 童子石
一八 同 人物石

朝鮮工藝展覽會 圖錄

저　자: 편집부
발행인: 윤영수
발행처: 한국학자료원
주　소; 서울시 구로구 개봉본동 170-30
전화:02-3159-8050 팩스:02-3159-8051
등록번호; 제 312-1999-074호

ISBN 979-11-6887-084-0

정가:35,000원

昭和十年十一月二十日印刷
昭和十年十一月廿五日發行

【定價拾圓】

編者　朝鮮工藝研究會內
田邊孝次

發行者　神奈川縣鎌倉郡村岡村川名六九四
砂川金彌

印刷所　東京市芝區田村町二丁目五
一噌印刷所

發行所　朝鮮工藝研究會